Dieses Heft ist auf das Lehrwerk Prima (Kapitel 22–40, Ausgabe A, bzw. Kapitel 23–42, Ausgabe B) abgestimmt und dient, nach drei Schwierigkeitsgraden (Fundamentum – Additum – Premium) gegliedert, der differenzierten Einübung, Sicherung und Wiederholung des dort behandelten Vokabulars und Grammatikstoffes.

Und so wird es gemacht:

Öffne das LÜK®-Kontrollgerät und lege die Plättchen in den unbedruckten Deckel. Jetzt kannst du auf den Plättchen und auf dem Geräteboden die Zahlen 1 bis 24 sehen.

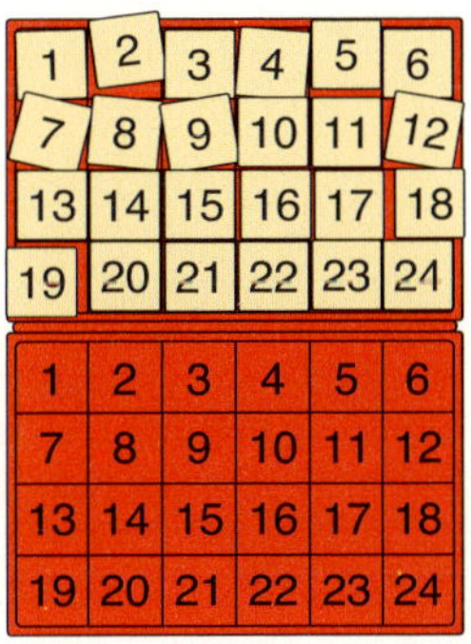

Beispiel: Seite 2 Latein → Deutsch
Lies das bei Aufgabe 1 stehende Wort und nimm das Plättchen 1. Überlege dir, wie die lateinische Bedeutung dieses Wortes lautet. Suche darauf diese Bedeutung in der Lösungstabelle. Lege dann das Plättchen 1 auf die Feldzahl im Kontrollgerät, die hinter der von dir gefundenen Lösung abgedruckt ist. Lege also das Plättchen 1 auf das Feld 14 im Geräteboden. Die Zahl 1 muss nach oben zeigen.

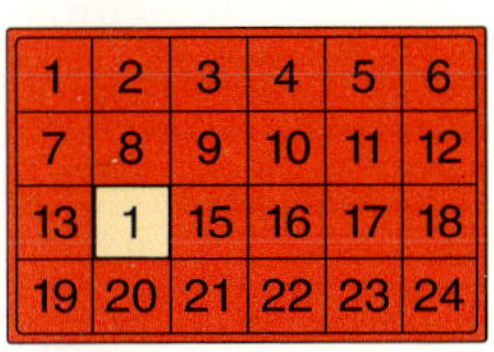

So musst du weiterarbeiten, bis alle Plättchen im Geräteboden liegen. Schließe dann das Gerät und drehe es um. Öffne es von der Rückseite. Wenn du das bei der Übungsreihe abgebildete Kontrollmuster siehst, hast du alle Aufgaben richtig gelöst.

Passen einige Plättchen nicht in das Muster, dann hast du dort Fehler gemacht. Drehe diese Plättchen da, wo sie liegen, um, schließe das Gerät, drehe es um und öffne es wieder.
Jetzt kannst du sehen, welche Aufgaben du falsch gelöst hast.

Nimm diese Plättchen heraus und suche die richtigen Ergebnisse. Kontrolliere dann noch einmal. Stimmt jetzt das Muster?

Das System ist für alle Übungen dasselbe: Die gelben Aufgabennummern im Heft entsprechen immer den LÜK-Plättchen aus dem Kontrollgerät. Die Zahlen hinter den Lösungen sagen dir, auf welche Felder des Kontrollgerätes du die Plättchen legen musst.

Und nun viel Spaß!

Verben und Adverbien

		Lösung	
1	statuere, statuō, statuī	wie	5
2	adicere, adiciō, adiēcī	vorher, früher	10
3	intellegere, intellegō, intellēxī	umgeben, umzingeln	2
4	flectere, flectō, flexī	herausgehen	17
5	redīre, redeō, rediī	biegen, (hin)lenken, umstimmen	13
6	exīre, exeō, exiī	(be)merken, verstehen	22
7	cōnfirmāre, cōnfirmō, cōnfirmāvī	aufstellen, beschließen, festsetzen	14
8	cingere, cingō, cinxī	hinzufügen	18
9	intus	bekräftigen, ermutigen, stärken	6
10	anteā	zurückgehen, zurückkehren	9
11	aliter	anders, sonst	1
12	ut	im Inneren, innen	21

Substantive und Adjektive

		Lösung	
13	sacerdōs, sacerdōtis *m/f*	angenehm, erfreulich	7
14	lēgātus, lēgātī *m*	gern	3
15	lēgātiō, lēgātiōnis *f*	flehentliches Bitten; Strafe, Hinrichtung	11
16	cīvitās, cīvitātis *f*	Sorge, Pflege	12
17	cūra, cūrae *f*	Gesandtschaft	15
18	superbia, superbiae *f*	Priester(in)	20
19	supplicium, suppliciī *n*	sicher	4
20	ōrāculum, ōrāculī *n*	Gesandter, Bevollmächtigter	24
21	libēns, libēns, libēns; *Gen.:* libentis	Bürgerrecht; Gemeinde, Staat	19
22	turpis, turpis, turpe	(sittlich) schlecht, hässlich, schändlich	23
23	iūcundus, iūcunda, iūcundum	Orakel, Götterspruch, Orakelstätte	8
24	tūtus, tūta, tūtum	Stolz, Überheblichkeit	16

Ordne der jeweiligen Form von *scribere* die entsprechende Form von *esse* zu:

1	scribo
2	scribis
3	scribes
4	scribunt
5	scribent
6	scribebam
7	scripsisti
8	scripseramus
9	scribet
10	scribam
11	scripsero
12	scribite

Lösung

eris	7
erit	8
eram	3
es	4
sunt	11
sum	12
erunt	19
ero	20
fuisti	15
este	16
fueramus	23
fuero	24

Übersetze:

13	Ludis intererit.
14	Ludis intererat.
15	Libenter tecum ludimus.
16	Libenter tecum ludemus.
17	Libenter tibi scribam.
18	Libenter tibi scribent.
19	Ludis intererunt.
20	Libenter tibi scribebam.
21	Libenter tibi scribo.
22	Ludis intererimus.
23	Ludos amabunt.
24	Libenter tibi scribunt.

Lösung

Er/Sie nahm an den Spielen teil.	9
Wir werden gern mit dir spielen.	6
Sie werden dir gern schreiben.	2
Ich schrieb dir gern.	18
Wir werden an den Spielen teilnehmen.	10
Er/Sie wird an den Spielen teilnehmen.	5
Wir spielen gern mit dir.	1
Ich werde dir gern schreiben.	22
Sie werden an den Spielen teilnehmen.	21
Ich schreibe dir gern.	14
Sie werden die Spiele lieben.	17
Sie schreiben dir gern.	13

Wie lautet das Adverb?

		Lösung 1		Lösung 2	
1	pius, pia, pium	piter	12	pie	16
2	vehemens, vehemens, vehemens; vehementis *(Gen.)*	vehemente	4	vehementer	24
3	crudelis, crudelis, crudele	crudele	8	crudeliter	19
4	libens, libens, libens; libentis *(Gen.)*	libentiter	20	libenter	15
5	celer, celeris, celere	celere	3	celeriter	7
6	miser, misera, miserum	misere	23	miseriter	11
7	bonus, bona, bonum	bone	23	bene	11
8	fortis, fortis, forte	fortiter	3	forter	7
9	iucundus, iucunda, iucundum	iuncunditer	15	iucunde	20
10	pulcher, pulchra, pulchrum	pulchriter	16	pulchre	8
11	gratus, grata, gratum	grate	4	grater	19
12	turpis, turpis, turpe	turpe	24	turpiter	12

Attribut, Prädikatsnomen oder Adverb? Ergänze sinnvoll und korrekt:

		Lösung	
13	Equus ___ est.	superbe	1
14	Equos ___ amo.	iucundum	2
15	Equum ___ amas.	pulchre	14
16	Equi ___ currunt.	celerem	13
17	Mulieres ___ sunt.	celer	21
18	Mulieres mensam ___ ornant.	celeres	17
19	Mulieres ___ libenter aspicio.	celeriter	22
20	Mulieri ___ libenter ades.	superbi	9
21	Praemium ___ est.	fortiter	18
22	Hostes ___ petivit.	pulchras	5
23	Victores ___ sunt.	pulchrae *(Dat.)*	10
24	Victores ___ se gerunt.	pulchrae *(Nom.)*	6

Substantive und Adjektive

1	tempus, temporis *n*
2	antīquus, antīqua, antīquum
3	silentium, silentiī *n*
4	nocturnus, nocturna, nocturnum
5	gravis, gravis, grave
6	tenebrae, tenebrārum *f Pl.*
7	amplus, ampla, amplum
8	mīrus, mīra, mīrum
9	īgnōtus, īgnōta, īgnōtum
10	līber, lībera, līberum
11	tālis, tālis, tāle
12	incrēdibilis, incrēdibilis, incrēdibile

Lösung

derartig, ein solcher, so (beschaffen)	9
unbekannt	17
weit, groß, bedeutend	19
schwer	23
Schweigen, Stille	18
(günstige) Zeit; *Pl.:* Umstände	4
unglaublich	20
alt, altertümlich	13
nächtlich	3
frei	24
wunderbar, erstaunlich	10
Dunkelheit, Finsternis	14

Verben und Adverbien

13	sinere, sinō, sīvī
14	prōcēdere, prōcēdō, prōcessī
15	movēre, moveō, mōvī
16	abesse, absum, āfuī
17	abīre, abeō, abiī
18	continēre, contineō, continuī
19	condūcere, condūcō, condūxī
20	commovēre, commoveō, commōvī
21	permovēre, permoveō, permōvī
22	mox
23	modo
24	quondam

Lösung

festhalten	6
bewegen, veranlassen	22
bald, dann	2
einst, einmal; manchmal	12
eben (noch)	21
lassen, erlauben	16
bewegen	5
weggehen	7
zusammenführen; anwerben, mieten	8
beunruhigen, veranlassen	11
abwesend sein, fehlen	15
(vorwärts) gehen, vorrücken	1

Völlig passiv (1) – Bestimme genau:

1	commoveor
2	aguntur
3	agentur
4	audiebaris
5	movebitur
6	perturbamini
7	capimur
8	capiemur
9	perturbabimini
10	commovebamini
11	agi
12	capiar

Lösung

Inf. Präs. Pass.	5
1. Pers. Sg. Präs. Pass.	11
3. Pers. Pl. Fut. I Pass.	22
2. Pers. Pl. Fut. I Pass.	21
3. Pers. Sg. Fut. I Pass.	16
1. Pers. Pl. Präs. Pass.	2
1. Pers. Sg. Fut. I Pass.	1
3. Pers. Pl. Präs. Pass.	7
2. Pers. Pl. Impf. Pass.	15
2. Pers. Sg. Impf. Pass.	12
1. Pers. Pl. Fut. I Pass.	6
2. Pers. Pl. Präs. Pass.	8

Völlig passiv (2) – Übersetze:

13	perturbamur
14	perturbabimur
15	perturbabamur
16	perterreor
17	perterrebor
18	perterrebar
19	invenieris
20	inveniebaris
21	inveniris
22	agitur
23	aguntur
24	agetur

Lösung

ich wurde eingeschüchtert	9
du wirst gefunden werden	14
ich werde eingeschüchtert werden	13
du wurdest gefunden	17
ich werde eingeschüchtert	23
du wirst gefunden	3
wir wurden in Verwirrung gebracht	10
er/sie/es wird getrieben	19
wir werden in Verwirrung gebracht werden	20
sie werden getrieben	18
wir werden in Verwirrung gebracht	24
er/sie/es wird getrieben werden	4

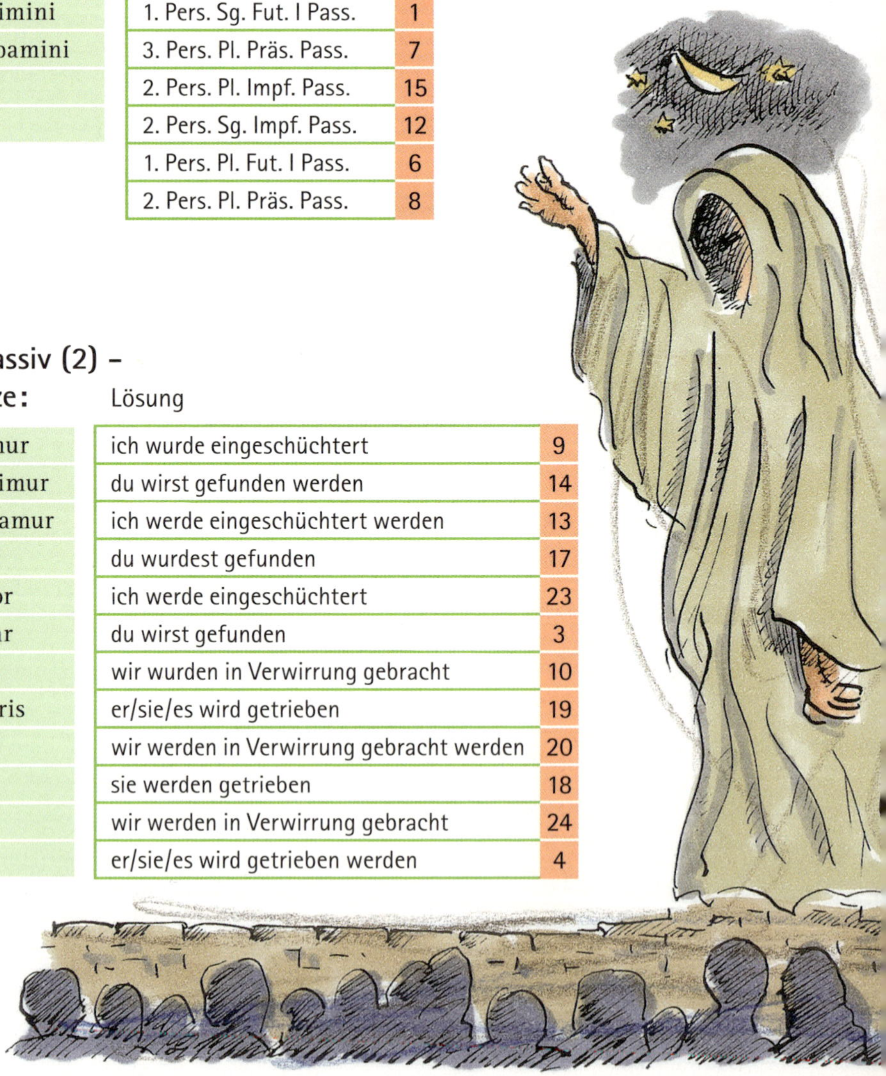

Futur I Aktiv oder Präsens Passiv? Übersetze genau:

1	Sie werden Geschichten hören.
2	Geschichten werden gehört.
3	Sie werden Gespenster sehen.
4	Theaterstücke werden aufgeführt.
5	Sie werden den Ort verlassen.
6	Die Fesseln werden bewegt.
7	Gespenster werden gesehen.
8	Sie werden die Waffe ergreifen.
9	Die Waffe wird ergriffen.
10	Der Ort wird verlassen.
11	Sie werden die Fesseln bewegen.
12	Sie werden Theaterstücke aufführen.

Lösung

Locum relinquent.	17
Vincula moventur.	10
Fabulas audient.	7
Fabulae audiuntur.	9
Vincula movebunt.	14
Fabulas agent.	3
Locus relinquitur.	6
Ferrum capitur.	23
Monstra videntur.	4
Ferrum capient.	1
Fabulae aguntur.	20
Monstra videbunt.	12

Der Philosoph und das Gespenst. Übersetze:

13	Philosophus a monstro non permovetur.
14	Philosophus a monstro e somno excitabitur.
15	Monstrum philosophum non permovebit.
16	Philosophus monstro salutem dicet.
17	Philosophus vincula moveri audit.
18	Philosopho signa a monstro dabantur.
19	Philosophus a monstro non permovebatur.
20	Monstrum philosopho signum dabit.
21	Monstrum philosophum e somno excitabit.
22	Philosopho de monstro narrabatur.
23	Philosophus a monstro non permovebitur.
24	Monstrum philosopho „vale" dixit.

Lösung

Das Gespenst wird den Philosoph aus dem Schlaf wecken.	5
Der Philosoph wird vom Gespenst nicht beunruhigt werden.	2
Der Philosoph hört, dass Fesseln bewegt werden.	15
Dem Philosoph wurde über das Gespenst erzählt.	21
Der Philosoph wird vom Gespenst nicht beunruhigt.	19
Das Gespenst sagte dem Philosoph „Lebe wohl!".	18
Das Gespenst wird den Philosoph nicht beunruhigen.	11
Der Philosoph wird vom Gespenst aus dem Schlaf geweckt werden.	22
Der Philosoph wurde vom Gespenst nicht beunruhigt.	16
Das Gespenst wird dem Philosoph ein Zeichen geben.	13
Der Philosoph wird das Gespenst grüßen.	8
Dem Philosoph wurden vom Gespenst Zeichen gegeben.	24

Substantive

		Lösung	
1	campus, campī *m*	Zensor (röm. Beamter)	9
2	nōmen, nōminis *n*	Feld, freier Platz, Ebene	21
3	annus, annī *m*	Liktor (Begleiter höherer Beamter und einiger Priester)	1
4	cīvis, cīvis *m*	Name	13
5	sanguis, sanguinis *m*	Glauben, (Gottes-)Verehrung, Frömmigkeit, Gewissenhaftigkeit; Aberglaube	17
6	glōria, glōriae *f*	Bürger	22
7	prex, precis *f*	Jahr	18
8	officium, officiī *n*	(Heeres-)Zug	5
9	religiō, religiōnis *f*	Bitte; *Pl.:* Gebet	2
10	agmen, agminis *n*	Ehre, Ruhm	14
11	cēnsor, cēnsōris *m*	Blut	6
12	līctor, līctōris *m*	Dienst, Pflicht(gefühl)	10

Adjektive, Adverbien und Präpositionen

		Lösung	
13	pariter *Adv.*	schließlich, zuletzt	7
14	palam *Adv.*	dort	15
15	paulātim *Adv.*	allmählich	24
16	illīc *Adv.*	der höchste, der letzte, der oberste	12
17	dēnique *Adv.*	demütig bittend	19
18	circum *Präp. m. Akk.*	mehrere	4
19	propter *Präp. m. Akk.*	um ... herum, rings um	23
20	longus, longa, longum	öffentlich, staatlich	11
21	pūblicus, pūblica, pūblicum	lang, weit	3
22	supplex, supplex, supplex; *Gen.:* supplicis	wegen	8
23	complūrēs, complūrēs, complūra; *Gen.:* complūrium	ebenso, gleichzeitig	16
24	summus, summa, summum	bekannt, in aller Öffentlichkeit	20

Verben

		Lösung	
1	īnstruere, īnstruō, īnstrūxī, īnstrūctum	einen Auftrag geben, übergeben	20
2	pōnere, pōnō, posuī, positum	vermehren, vergrößern	24
3	interficere, interficiō, interfēcī,	aufnehmen, eine Ausnahme machen	18
4	dēligere, dēligō, dēlēgī, dēlēctum	(aus)wählen	4
5	mandāre, mandō, mandāvī, mandātum	zurückblicken; berücksichtigen	10
6	excipere, excipiō, excēpī, exceptum	nicht wissen	23
7	augēre, augeō, auxī, auctum	warten, erwarten	13
8	respicere, respiciō, respexī, respectum	(er)mahnen	9
9	exspectāre, exspectō, exspectāvī, exspectātum	aufstellen, ausrüsten; unterrichten	3
10	probāre, probō, probāvī, probātum	töten, vernichten	14
11	monēre, moneō, monuī, monitum	(auf)stellen, (hin)legen, setzen	17
12	nescīre, nesciō, nescīvī, nescītum	beweisen, für gut befinden	19

Partizip Perfekt Passiv (PPP)

		Lösung	
13	āctus, ācta, āctum	gemeint, eingeschätzt	6
14	cēnsus, cēnsa, cēnsum	gehabt, gehalten	21
15	missus, missa, missum	(los)gelassen, geschickt, geworfen	2
16	ductus, ducta, ductum	gesehen, darauf geachtet	5
17	mōtus, mōta, mōtum	geführt, gezogen	15
18	lēctus, lēcta, lēctum	gehandelt, getrieben, verhandelt	16
19	datus, data, datum	gemusst, gesollt, geschuldet	7
20	habitus, habita, habitum	gegeben	12
21	dēbitus, dēbita, dēbitum	bewirtschaftet, gepflegt, verehrt	8
22	vīsus, vīsa, vīsum	bewegt	11
23	commōtus, commōta, commōtum	gelesen, ausgewählt	1
24	cultus, culta, cultum	bewegt, veranlasst	22

Klausur. Perfekt oder Plusquamperfekt? Bestimme genau:

1	clausus est
2	clausi sunt
3	clausae erant
4	clausum esse
5	clausa erat
6	clauserat
7	clausisse
8	clausit
9	clausi estis
10	clausae eratis
11	clauserunt
12	clausa es

Lösung

3. Pers. Pl. Perf. Pass.	9
Inf. Perf. Pass.	11
3. Pers. Sg. Plusqpf. Akt.	10
Inf. Perf. Akt.	21
2. Pers. Pl. Plusqpf. Pass.	2
2. Pers. Pl. Perf. Pass.	8

3. Pers. Pl. Perf. Akt.	6
2. Pers. Sg. Perf. Pass.	22
3. Pers. Sg. Perf. Akt.	5
3. Pers. Sg. Plusqpf. Pass.	1
3. Pers. Pl. Plusqpf. Pass.	7
3. Pers. Sg. Perf. Pass.	12

Kapiert. Übersetze:

13	captus es
14	caperis
15	captae eratis
16	capieris
17	capi
18	capiebaris
19	cepi
20	cepisse
21	captum esse
22	capti estis
23	capta es
24	capies

Lösung

du wirst ergreifen	13
ergriffen worden (zu) sein	14
du wurdest ergriffen	20
ihr wart ergriffen worden	19
du bist ergriffen worden	23
du wirst ergriffen	3
du wirst ergriffen werden	24
du bist ergriffen worden	17
ihr seid ergriffen worden	4
ich habe ergriffen	16
ergriffen (zu) haben	18
ergriffen (zu) werden	15

Tieropfer. Übersetze:

1	Hostiae ante sacrum deliguntur.
2	Capita hostiarum ornata sunt.
3	Hostia a lictore interficietur.
4	Sanguis hostiarum exceptus est.
5	Hostiae ante sacrum delectae sunt.
6	Sanguis hostiarum exceptus erat.
7	Caput hostiae ornatum erat.
8	Hostiae ante sacrum delectae erant.
9	Hostiae a lictoribus interficiuntur.
10	Hostiae ante sacrum deligentur.
11	Hostiae a lictoribus interfectae sunt.
12	Caput hostiae ornatum est.

Lösung

Vor dem Opfer wurden die Opfertiere ausgewählt.	17
Der Kopf des Opfertieres war geschmückt worden.	13
Das Blut der Opfertiere war aufgefangen worden.	2
Das Blut der Opfertiere wurde aufgefangen.	9
Das Opfertier wird von einem Liktor getötet werden.	6
Vor dem Opfer waren Opfertiere ausgewählt worden.	4
Die Opfertiere werden von den Liktoren getötet.	5
Die Köpfe der Opfertiere wurden geschmückt.	1
Vor dem Opfer werden Opfertiere ausgewählt werden.	18
Der Kopf des Opfertiers wurde geschmückt.	14
Die Opfertiere wurden von den Liktoren getötet.	3
Vor dem Opfer werden die Opfertiere ausgewählt.	10

Prometheus (1) – Wiederhole den AcI und ergänze die Lücken:

Scimus

13	deos ab hominibus cul____ esse.
14	deis in aris sacra fac____ esse.
15	Prometheum superbia commo____ esse.
16	homines deos col____.
17	homines deis in aris sacra fec____.
18	taurum magnum a Prometheo nec____ esse.
19	Prometheum iram Iovis commo____.
20	iram Iovis a Prometheo commo____ esse.
21	homines propter superbiam Promethei ignem ami____.
22	paulo post homines a Prometheo igne don____ esse.
23	propter id donum iram Iovis iterum commotam____.
24	Iovem ira commotum Prometheum in monte Caucaso in vincula da____ iussisse.

Lösung

ri	24
tam	16
uisse	21
ta	7
atum	12
atos	8
esse	15
visse	20
tum	11
isse	19
tos	22
sisse	23

Prometheus (2)

Diesbezüglich. Gib das Nomen an, mit dem das *Partizip* jeweils eine Einheit bildet:

		Lösung 1		Lösung 2	
1	Dei ab hominibus *culti* gaudent.	hominibus	1	dei	14
2	Sacra deis in aris *facta* eos delectant.	eos	5	sacra	18
3	Prometheus superbia *commotus* deos fallit.	Prometheus	21	deos	17
4	Prometheus dimidium tauri a se *necati* deis promittit.	tauri	13	dimidium	9
5	Prometheus sanguinem tauri modo *interfecti* excipit.	sanguinem	18	tauri	9
6	Iuppiter ira *motus* dicit: „Homines ignem habere non sinam."	Iuppiter	17	ira	14
7	Prometheus verba Iovis ira *commoti* probat.	verba	13	Iovis	5
8	Sed Prometheus verba Iovis a se *probata* non respicit.	Iovis	21	verba	1
9	Prometheus ignem a sole *captum* hominibus dat.	ignem	22	hominibus	10
10	Homines igne a Prometheo *dato* gaudent.	homines	22	igne	10
11	Nam igne *confirmati* bestiis imperant.	imperant (homines)	2	igne	6
12	Prometheus in vincula *datus* non flet.	Prometheus	6	vincula	2

Beziehungsweise. Gib an, ob die *kursiv* gedruckten Wörter zum Partizip oder zum Prädikat gehören:

		Lösung 1		Lösung 2	
13	Dei *ab hominibus* culti gaudent.	culti	19	gaudent	4
14	Sacra deis *in aris* facta eos delectant.	facta	23	delectant	24
15	Prometheus superbia commotus *deos* fallit.	fallit	15	commotus	20
16	Prometheus dimidium tauri *a se* necati deis promittit.	promittit	15	necati	20
17	Prometheus sanguinem tauri *modo* interfecti excipit.	interfecti	12	excipit	8
18	Iuppiter *ira* motus dicit: „Homines ignem habere non sinam."	motus	16	dicit	11
19	Prometheus *verba* Iovis ira commoti probat.	commoti	12	probat	11
20	Sed Prometheus verba Iovis *a se* probata non respicit.	probata	8	respicit	16
21	Prometheus ignem a sole captum *hominibus* dat.	captum	23	dat	4
22	Homines igne *a Prometheo* dato gaudent.	gaudent	19	dato	24
23	Nam *igne* confirmati bestiis imperant.	confirmati	7	imperant	3
24	Prometheus autem *in vincula* datus non flet.	flet	7	datus	3

Prometheus (3) Übersetze:

1	Dei ab hominibus culti gaudent.
2	Sacra deis in aris facta eos delectant.
3	Prometheus superbia commotus deos fefellit.
4	Prometheus dimidium tauri a se necati deis promittit.
5	Prometheus sanguinem tauri modo interfecti excepit.
6	Iuppiter ira motus dixit: „Homines ignem amittent."
7	Prometheus superbia commotus deos fallit.
8	Dei ab hominibus culti gaudebant.
9	Prometheus dimidium tauri a se necati deis promisit.
10	Iuppiter ira motus dicit: „Homines ignem amittent."
11	Sacra deis in aris facta eos delectabant.
12	Prometheus sanguinem tauri modo interfecti excipit.
13	Prometheus verba Iovis a se probata non respexit.
14	Prometheus verba Iovis ira commoti probavit.
15	Homines igne a Prometheo dato gaudent.
16	Igne confirmati bestiis imperant.
17	Prometheus ignem a sole captum hominibus dedit.
18	Prometheus in vincula datus non flevit.
19	Prometheus verba Iovis ira commoti probat.
20	Prometheus verba Iovis a se probata non respicit.
21	Prometheus ignem a sole captum hominibus dat.
22	Homines igne a Prometheo dato gaudebant.
23	Igne confirmati bestiis imperabant.
24	Prometheus in vincula datus non flet.

Lösung

Prometheus fing das Blut des eben getöteten Stiers auf.	21
Die für die Götter auf den Altären gemachten Opfer erfreuen diese.	5
Prometheus täuscht aus Hochmut die Götter.	11
Prometheus versprach die Hälfte des Stiers, der von ihm getötet worden war, den Göttern.	15
Die Götter freuen sich, weil sie von den Menschen verehrt worden sind.	13
Jupiter sagte, weil er von Zorn bewegt worden war: „Die Menschen werden das Feuer verlieren."	18
Die Götter freuten sich, weil sie von den Menschen verehrt worden waren.	19
Prometheus fängt das Blut des eben getöteten Stiers auf.	24
Prometheus täuschte die Götter, weil er von Hochmut (dazu) bewegt worden war.	16
Prometheus verspricht die Hälfte des von ihm getöteten Stiers den Göttern.	2
Die Opfer, die für die Götter auf den Altären gemacht worden waren, erfreuten diese.	8
Jupiter sagt aus Zorn: „Die Menschen werden das Feuer verlieren."	22
Prometheus gibt das von der Sonne genommene Feuer den Menschen.	9
Prometheus billigte die Worte des von Zorn bewegten Jupiter.	17
Weil sie durch das Feuer gestärkt wurden, beherrschen sie die Tiere.	14
Die Menschen freuten sich über das ihnen von Prometheus gegebene Feuer.	6
Prometheus billigt die Worte des von Zorn bewegten Jupiter.	12
Prometheus klagte nicht, obwohl/nachdem er in Fesseln gelegt worden war.	4
Die Menschen freuen sich über das ihnen von Prometheus gegebene Feuer.	3
Prometheus berücksichtigt die Worte Jupiters nicht, obwohl sie von ihm gebilligt worden sind.	7
Nachdem sie durch das Feuer gestärkt worden waren, beherrschten sie die Tiere.	20
Der in Fesseln gelegte Prometheus klagt nicht.	10
Prometheus berücksichtigte die Worte Jupiters nicht, obwohl er sie gebilligt hatte.	1
Prometheus gab den Menschen das Feuer, das von der Sonne genommen worden war.	23

Substantive und Adjektive

		Lösung	
1	aes, aeris *n*	Würde, Ansehen; (gesellschaftliche) Stellung	20
2	spectāculum, spectāculī *n*	beide (zusammen)	14
3	argentum, argentī *n*	Not, Elend, Unglück	16
4	tabula, tabulae *f*	früher	18
5	miseria, miseriae *f*	Tafel, Gemälde; Aufzeichnung	24
6	dīgnitās, dīgnitātis *f*	übermäßig, zu groß	22
7	ambō, ambae, ambō	Silber	21
8	prīstinus, prīstina, prīstinum	so groß, so viel	15
9	nimius, nimia, nimium	Schauspiel	19
10	tantus, tanta, tantum	königlich	17
11	rēgius, rēgia, rēgium	Erz, Geld	23
12	mortālis, mortālis, mortāle	sterblich; *Subst.*: Mensch	13

Verben und Adverbien

		Lösung	
13	vincere, vincō, vīcī, victum	heranrücken, eintreten; (jmd.) befallen	1
14	capere, capiō, cēpī, captum	erfreuen, unterhalten	2
15	facere, faciō, fēcī, factum	dahin, dorthin	3
16	permovēre, permoveō, permōvī, permōtum	(um) ein wenig	4
17	incēdere, incēdō, incessī, incessum *(m. Akk.)*	(be)merken, verstehen	5
18	cōnficere, cōnficiō, cōnfēcī, cōnfectum	zugleich, gleichzeitig	6
19	dēlectāre, dēlectō, dēlectāvī, dēlectātum	besonders, vor allem	7
20	intellegere, intellegō, intellēxī, intellectum	fassen, nehmen; erobern	8
21	paulō *Adv.*	beenden, fertig machen	9
22	imprīmīs *Adv.*	machen, tun, handeln	10
23	simul *Adv.*	beunruhigen, veranlassen	11
24	illūc *Adv.*	(be)siegen, übertreffen	12

Jenseits. Bestimme genau:

1	illi
2	illa
3	illius
4	ille
5	illarum
6	illud
7	illum
8	illorum
9	illas
10	illis
11	illos
12	illo

Lösung

Nom. Sg. *m*	22
Nom. oder Abl. Sg. *f* bzw. Nom. oder Akk. Pl. *n*	20
Akk. Pl. *m*	16
Akk. Sg. *m*	13
Dat. Sg. *m/f/n* bzw. Nom. Pl. *m*	21
Akk. Pl. *f*	24
Gen. Sg. *m/f/n*	23
Nom. oder Akk. Sg. *n*	19
Gen. Pl. *m/n*	15
Gen. Pl. *f*	17
Dat. oder Abl. Pl. *m/f/n*	18
Abl. Sg. *m/n*	14

Diesseits. Ersetze die jeweilige Form von *is, ea, id* durch die entsprechende Form von *hic, haec, hoc*:

13	id
14	eam
15	eae
16	ei
17	eum
18	ea *(n Pl.)*
19	eis
20	is
21	ii
22	eo
23	eius
24	eā

Lösung

his	1	hoc	9
hanc	7	haec	12
hōc	8	huius	4
hi	6	hae	11
huic	10	hic	3
hāc	5	hunc	2

Dieses oder jenes? Füge zu den Substantiven das jeweils passende Pronomen hinzu:

1	tabula
2	scelus
3	dux
4	ducum
5	sceleris
6	tabulas
7	duci
8	scelere
9	tabulam
10	tabulae
11	duces
12	sceleribus

Lösung

illas	6
huic	11
huius	7
illo	15
illorum	4
hanc	1
hic	2
illae	8
illud	5
hos	16
haec	3
illis	12

Triumphal. Übersetze:

13	Hic dux victor triumphum egit.
14	Hic eques triumphum praeclarum spectavit.
15	Triumphus huius ducis praeclarus fuit.
16	Huic tabulae, illi signa aurea in triumpho placuerunt.
17	Hi triumphis, illi spectaculis gaudent.
18	Ille triumphus huius ducis praeclarus fuit.
19	Ille dux victor triumphum egit.
20	Hic dux Gallos captos in triumpho ostendit.
21	Haec spectacula illius ducis praeclara fuerunt.
22	His tabulae, illis signa aurea in triumpho placuerunt.
23	Ille eques triumphum praeclarum spectavit.
24	Illa miseria Gallorum captorum ducem movit.

Lösung

Dieser Ritter schaute sich den großartigen Triumphzug an.	17
Diesen gefielen beim Triumphzug die Gemälde, jenen die goldenen Statuen.	18
Der Triumphzug dieses Anführers war großartig.	13
Dieser Anführer zeigte im Triumphzug gefasste Gallier.	21
Dieser siegreiche Anführer feierte einen Triumph.	9
Jene Not der gefassten Gallier bewegte den Anführer.	20
Jener Triumphzug dieses Anführers war großartig.	14
Diese freuen sich über Triumphzüge, jene über Schauspiele.	23
Jener siegreiche Anführer feierte einen Triumph.	24
Diesem gefielen beim Triumphzug die Gemälde, jenem die goldenen Statuen.	10
Jener Ritter schaute sich den großartigen Triumphzug an.	22
Diese Schauspiele jenes Anführers waren großartig.	19

Substantive und Adjektive

1	pōns, pontis *m*
2	timor, timōris *m*
3	pūgna, pūgnae *f*
4	fuga, fugae *f*
5	sententia, sententiae *f*
6	proelium, proeliī *n*
7	multitūdō, multitūdinis *f*
8	tantus, tanta, tantum
9	īnfēstus, īnfēsta, īnfēstum
10	dīvīnus, dīvīna, dīvīnum/ dīvus, dīva, dīvum
11	adversus, adversa, adversum
12	recēns, recēns, recēns; *Gen.:* recentis

Lösung

frisch, neu	23
feindlich, feindselig	3
Antrag (im Senat), Meinung; Satz, Sinn	16
Brücke	7
entgegengesetzt, feindlich	19
so groß, so viel	20
Flucht	8
göttlich	15
große Zahl, Menge	24
Kampf	4
Angst, Furcht	11
Kampf, Schlacht	12

Verben, Adverbien und Subjunktionen

13	nisī *Subj.*
14	etsī *Subj.*
15	intereā *Adv.*
16	igitur *Adv.*
17	temptāre, temptō, temptāvī, temptātum
18	accipere, accipiō, accēpī, acceptum
19	frangere, frangō, frēgī, frāctum
20	optāre, optō, optāvī, optātum
21	indicāre, indicō, indicāvī, indicātum
22	redūcere, redūcō, redūxī, reductum
23	perīre, pereō, periī, peritum
24	reperīre, reperiō, repperī, repertum

Lösung

(wieder)finden	22
wenn nicht	2
angreifen; prüfen, versuchen	17
aufnehmen, erhalten, erfahren	9
zugrunde gehen, umkommen	14
auch wenn, obwohl	6
also, folglich	1
zerbrechen	18
zurückführen, zurückziehen	5
inzwischen, unterdessen	10
anzeigen, melden	21
wünschen	13

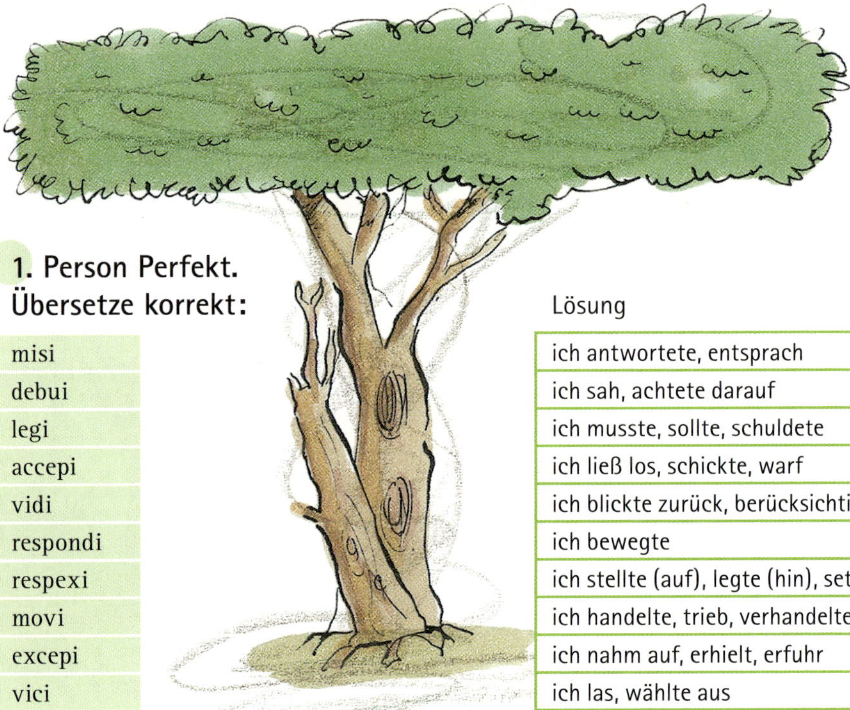

1. Person Perfekt. Übersetze korrekt:

1	misi
2	debui
3	legi
4	accepi
5	vidi
6	respondi
7	respexi
8	movi
9	excepi
10	vici
11	posui
12	egi

Lösung

ich antwortete, entsprach	14
ich sah, achtete darauf	3
ich musste, sollte, schuldete	1
ich ließ los, schickte, warf	17
ich blickte zurück, berücksichtigte	7
ich bewegte	23
ich stellte (auf), legte (hin), setzte	12
ich handelte, trieb, verhandelte	20
ich nahm auf, erhielt, erfuhr	6
ich las, wählte aus	10
ich nahm auf, machte eine Ausnahme	9
ich (be)siegte, übertraf	4

PPP. Übersetze korrekt:

13	ductus, a, um
14	interfectus, a, um
15	instructus, a, um
16	incessus, a, um
17	delectus, a, um
18	cultus, a, um
19	confectus, a, um
20	factus, a, um
21	captus, a, um
22	datus, a, um
23	permotus, a, um
24	habitus, a, um

Lösung

geführt, gezogen	5
herangerückt, eingetreten; befallen	18
beendet, fertig gemacht	8
gegeben	2
getötet, vernichtet	13
(aus)gewählt	19
gemacht, getan, gehandelt	11
beunruhigt, veranlasst	24
gehabt, gehalten	16
gefasst, genommen, erobert	15
bewirtschaftet, gepflegt; verehrt	22
aufgestellt, ausgerüstet; unterrichtet	21

Substantive

		Lösung	
1	amor, amōris *m*	Wald	2
2	ager, agrī *m*	nichts	3
3	dolor, dolōris *m*	junger Mann; *Adj.:* jung	4
4	auris, auris *f*	Beschaffenheit, Natur, Wesen	5
5	membrum, membrī *n*	Schmerz	14
6	vestīgium, vestīgiī *n*	Liebe	15
7	nātūra, nātūrae *f*	Ohr	16
8	nihil/nīl	Acker, Feld, Gebiet	17
9	arbor, arboris *f*	Flucht	18
10	silva, silvae *f*	Baum	19
11	iuvenis, iuvenis *m*	Glied, Körperteil	13
12	fuga, fugae *f*	Fußsohle, Spur, Stelle	24

Verben und Adverbien

		Lösung	
13	accendere, accendō, accendī, accēnsum	aufnehmen, wieder bekommen, zurücknehmen	22
14	vetāre, vetō, vetuī, vetitum	endlich	9
15	repellere, repellō, reppulī, repulsum	anfeuern, anzünden	21
16	recipere, recipiō, recēpī, receptum	auflösen, bezahlen, lösen	20
17	repetere, repetō, repetīvī, repetītum	mehr	12
18	solvere, solvō, solvī, solūtum	verhindern, verbieten	23
19	tangere, tangō, tetigī, tāctum	hierher	10
20	dēmum *Adv.*	berühren	6
21	rūrsus *Adv.*	wieder	1
22	magis *Adv.*	zurückstoßen, abweisen, vertreiben	7
23	hūc *Adv.*	von hier, hierauf	8
24	hinc *Adv.*	(zurück)verlangen, wiederholen	11

Klarer Fall.
Bestimme genau die Form des jeweiligen Partizips:

1	vetantis
2	solventes
3	repulsis
4	recipiens
5	ardente
6	tacti
7	repellentia
8	agenti
9	receptum
10	tangentium
11	occurrentibus
12	accendentem

Lösung

Dat. oder Abl. Pl. *m/f/n* (PPP)	18
Gen. Pl. *m/f/n* (PPA)	12
Nom. Sg. *m/f/n* oder Akk. Sg. *n* (PPA)	16
Nom. Sg. *n* oder Akk. Sg. *m/n* (PPP)	5
Nom. oder Akk. Pl. *m/f* (PPA)	1
Gen. Sg. *m/f/n* (PPA)	3
Akk. Sg. *m/f* (PPA)	8
Dat. oder Abl. Pl. *m/f/n* (PPA)	10
Abl. Sg. *m/f/n* (PPA)	23
Nom. oder Akk. Pl. *n* (PPA)	19
Gen. Sg. *m/n* oder Nom. Pl. *m* (PPP)	14
Dat. Sg. *m/f/n* (PPA)	21

Im Dreierpack. Füge die Wortbestandteile richtig zusammen:

13	voc	iens	13
14	sc	ans	15
15	pet	ens	17

16	cap	antem	7
17	d	ente	6
18	commov	ienti	4

19	aud	antis	9
20	delect	entis	11
21	tang	ientis	20

22	ven	antium	22
23	liber	ientibus	2
24	ard	entes	24

Narziss und Echo (1)

Diesbezüglich. Gib das Nomen an, mit dem das *Partizip* jeweils eine Einheit bildet:

		Lösung 1		Lösung 2	
1	Narcissus bestias *capiens* ab Echo aspicitur.	Echo	21	Narcissus	11
2	Echo Narcissum *videns* amore ardet.	amore	16	Echo	7
3	Narcissus vocem puellae eum *adeuntis* audit.	puellae	22	eum	5
4	Iuvenis *amantem* inter arbores non videt.	– (da substantiviert)	12	arbores	1
5	Echo Narcisso iterum *interroganti* respondet.	Echo	8	Narcisso	15
6	Narcissus puellam non *videns* iterum interrogat.	Narcissus	8	iterum	15
7	Narcissus puellam verba eius *repetentem* quaerit.	puellam	1	verba	12
8	Echo iuveni eam *quaerenti* occurrit.	eam	22	iuveni	5
9	Iuvenis oculos puellae amore *ardentes* videt.	puellae	11	oculos	21
10	Oculos puellae amore ardentes *videns* fugit.	amore	7	fugit (iuvenis)	16
11	Echo a iuvene *fugiente* repulsa est.	iuvene	6	Echo	2
12	Silvae puellam *recipientes* fortuna eius dolent.	puellam	6	Silvae	2

Beziehungsweise. Gib an, ob die *kursiv* gedruckten Wörter zum Partizip oder zum Prädikat gehören:

		Lösung 1		Lösung 2	
13	Narcissus *bestias* capiens ab Echo aspicitur.	capiens	23	aspicitur	10
14	Echo *Narcissum* videns amore ardet.	ardet	13	videns	19
15	Narcissus vocem puellae *eum* adeuntis audit.	adeuntis	9	audit	17
16	Iuvenis amantem *inter arbores* non videt.	amantem	14	videt	24
17	Echo Narcisso *iterum* interroganti respondet.	respondet	23	interroganti	13
18	Narcissus puellam non videns *iterum* interrogat.	videns	9	interrogat	10
19	Narcissus *puellam* verba eius repetentem quaerit.	quaerit	14	repetentem	24
20	Echo iuveni *eam* quaerenti occurrit.	quaerenti	17	occurrit	19
21	Iuvenis oculos puellae *amore* ardentes videt.	ardentes	3	videt	20
22	*Oculos puellae amore ardentes* videns fugit.	videns	20	fugit	3
23	*Echo* a iuvene fugiente repulsa est.	fugiente	4	repulsa est	18
24	Silvae *puellam* recipientes fortuna eius dolent.	dolent	18	recipientes	4

Narziss und Echo (2).
Übersetze:

		Lösung	
1	Narcissus bestias capiens ab Echo aspicitur.	Narziss wurde von Echo erblickt, während er Tiere fing.	17
2	Echo Narcissum videns amore ardebat.	Echo antwortet dem fragenden Narziss.	6
3	Narcissus vocem puellae adeuntis audivit.	Narziss hört die Stimme des Mädchens, das herantritt.	20
4	Echo Narcissum videns amore ardet.	Der junge Mann sieht die Liebende nicht.	23
5	Narcissus bestias capiens ab Echo aspiciebatur.	Narziss wird von Echo erblickt, während er Tiere fängt.	9
6	Narcissus vocem puellae adeuntis audit.	Narziss fragte wiederum, weil er das Mädchen nicht sah.	4
7	Iuvenis amantem non vidit.	Narziss hörte die Stimme des Mädchens, das herantrat.	12
8	Echo Narcisso interroganti respondit.	Echo antwortete dem fragenden Narziss.	3
9	Iuvenis amantem non videt.	Echo brennt vor Liebe, als sie Narziss sieht.	10
10	Echo Narcisso interroganti respondet.	Narziss fragt wiederum, weil er das Mädchen nicht sieht.	14
11	Narcissus puellam non videns iterum interrogavit.	Der junge Mann sah die Liebende nicht.	1
12	Narcissus puellam non videns iterum interrogat.	Echo brannte vor Liebe, als sie Narziss sah.	7

13	Narcissus puellam verba eius repetentem quaerit.	Echo tritt dem jungen Mann, der sie sucht, entgegen.	22
14	Iuvenis oculos puellae amore ardentes vidit.	Echo wird vom fliehenden jungen Mann abgewiesen.	8
15	Echo iuvenem magna voce clamantem petivit.	Echo geht zu dem jungen Mann, der mit lauter Stimme ruft/als er mit lauter Stimme ruft.	15
16	Echo iuveni eam quaerenti occurrit.	Echo weint, als sie sich in die Wälder zurückzieht.	16
17	Iuvenis oculos puellae amore ardentes videt.	Narziss meidet das Mädchen, obwohl sie ihn liebt.	18
18	Echo a iuvene fugiente repulsa est.	Narziss sucht das Mädchen, das seine Worte wiederholt.	21
19	Narcissus puellam verba eius repetentem quaesivit.	Echo weinte, als sie sich in die Wälder zurückzog.	5
20	Echo iuvenem magna voce clamantem petit.	Der junge Mann sieht die vor Liebe brennenden Augen des Mädchens.	13
21	Echo se in silvas recipiens flevit.	Echo wurde vom fliehenden jungen Mann abgewiesen.	24
22	Echo a iuvene fugiente repellitur.	Echo ging zu dem jungen Mann, der mit lauter Stimme rief/weil er mit lauter Stimme rief.	11
23	Echo se in silvas recipiens flet.	Narziss suchte das Mädchen, das seine Worte wiederholte.	2
24	Narcissus puellam eum amantem vitat.	Der junge Mann sah die vor Liebe brennenden Augen des Mädchens.	19

Substantive, Adjektive

1	bonum, bonī *n*
2	epistula, epistulae *f*
3	vigilia, vigiliae *f*
4	tēctum tēctī *n*
5	lectus, lectī *m*
6	ops, opis *f*
7	timor, timōris *m*
8	audācia, audāciae *f*
9	arx, arcis *f*
10	perpetuus, perpetua, perpetuum
11	nūllus, nūlla, nūllum (*Gen.:* nūllīus; *Dat.:* nūllī)
12	contentus, contenta, contentum

Lösung

Bett, Liegesofa	1
dauerhaft, ewig	2
Frechheit, Kühnheit	3
kein	4
Angst, Furcht	5
zufrieden	6
das Gut(e)	9
Dach, Haus	10
Burg	13
Nachtwache; (Wach-)Posten	14
Brief	17
Hilfe, Kraft; *Pl.:* Macht, Mittel, Reichtum	18

Verben

13	iacēre, iaceō, iacuī
14	perdere, perdō, perdidī, perditum
15	sustinēre, sustineō, sustinuī
16	premere, premō, pressī, pressum
17	ēicere, ēiciō, ēiēcī, ēiectum
18	contingere, contingō, contigī, contāctum
19	agitāre, agitō, agitāvī, agitātum
20	cōnsūmere, cōnsūmō, cōnsūmpsī, cōnsūmptum
21	metuere, metuō, metuī
22	nūbere, nūbō, nūpsī, nūptum *m. Dat.*
23	suscipere, suscipiō, suscēpī, susceptum *m. Akk.*
24	dēserere, dēserō, dēseruī, dēsertum

Lösung

betreiben; überlegen	12
berühren, gelingen	20
hinauswerfen, vertreiben	11
(unter)drücken, bedrängen	22
verbrauchen, verwenden	15
im Stich lassen, verlassen	8
liegen	21
auf sich nehmen, sich (einer Sache) annehmen, unternehmen	16
heiraten	24
verlieren, verschwenden, zugrunde richten	23
ertragen, standhalten	19
(sich) fürchten	7

Redegewandt. Übersetze:

1	Timore agitatur.
2	Mihi tecto opus est.
3	Mihi salutem dicit.
4	Me non ignorat.
5	Se Athenas recipit.
6	Amore accensus sum.
7	Fuga salutem petit.
8	Mihi sortem dat.
9	Finem orationis facit.
10	Athenis multum valet.
11	In me consulit.
12	Delphos redit.

Lösung

Er/Sie zieht sich nach Athen zurück.	10
Er/Sie kennt mich genau.	6
Er/Sie grüßt mich.	4
Er/Sie gilt viel in Athen.	9
Er/Sie ergreift Maßnahmen gegen mich.	11
Er/Sie kehrt nach Delphi zurück.	7
Er/Sie beendet seine/ihre Rede.	3
Er/Sie sucht die Rettung in der Flucht.	8
Er/Sie gibt mir einen Orakelspruch.	12
Ich bin verliebt.	2
Er/Sie wird von Furcht gequält.	5
Ich brauche ein Haus.	1

Gleich und gleich gesellt sich gern. Ordne die jeweilige Form von *ipse* dem passenden Substantiv zu:

13	uxor
14	iuvenis
15	corpus
16	iuvenem
17	iuveni
18	uxore
19	uxoris
20	iuvenum
21	corporibus
22	uxores
23	iuvene
24	uxorum

Lösung

ipsae	13
ipsā	15
ipsum (Akk. Sg. *m*)	17
ipsi	19
ipsis	21
ipsorum	23
ipso	24
ipsarum	22
ipsius	20
ipsa	18
ipsum (Nom. oder Akk. Sg. *n*)	16
ipse	14

Penelope und Odysseus (1). Übersetze:

1	Ulixes ipse coniugi solacium dat.
2	Coniugi ipsi solacio Ulixis opus est.
3	Coniugi solacio Ulixis ipsius opus est.
4	Coniugi solacio ipso Ulixis opus est.
5	Penelopae ipsi alii viri non placent.
6	Penelopa ipsa alios viros eicere non potest.
7	Penelopa viros ipsos eicere non potest.
8	Penelopa ipsa illos viros eicere non potest.
9	Ulixes hac ipsa nocte venit.
10	Penelopa hanc ipsam noctem exspectavit.
11	Haec ipsa nox coniugi Ulixis solacium dedit.
12	Haec nox coniugi ipsi Ulixis solacium dedit.

Lösung

Die Gattin braucht genau den Trost des Odysseus.	3
Penelope selbst kann jene Männer nicht hinauswerfen.	15
Diese Nacht tröstete gerade die Gattin des Odysseus.	8
Die Gattin braucht den Trost von Odysseus persönlich.	24
Penelope kann die Männer selbst nicht hinauswerfen.	7
Genau diese Nacht tröstete die Gattin des Odysseus.	16
Gerade die Gattin braucht den Trost des Odysseus.	19
Penelope selbst kann die anderen Männer nicht hinauswerfen.	20
Genau diese Nacht erwartete Penelope.	12
Odysseus persönlich tröstet seine Gattin.	4
Penelope selbst gefallen die anderen Männer nicht.	11
Odysseus kam gerade in dieser Nacht.	23

Penelope und Odysseus (2). Ordne die Übersetzungsmöglichkeit den Übersetzungsvorschlägen zu:

Ulixes rediens gaudet.

13	Als Odysseus zurückkehrt, freut er sich.
14	Bei seiner Rückkehr freut sich Odysseus.
15	Der zurückkehrende Odysseus freut sich.
16	Weil Odysseus zurückkehrt, freut er sich.

Präpositionalausdruck	13
attributiv (wörtlich)	17
adverbial (temporal)	9
adverbial (kausal)	10

Penelopa Ulixem absentem amabat.

17	Odysseus war abwesend, aber trotzdem liebte Penelope ihn.
18	Trotz seiner Abwesenheit liebte Penelope den Odysseus.
19	Penelope liebte Odysseus, obwohl er abwesend war.
20	Penelope liebte Odysseus, während er abwesend war.

Präpositionalausdruck	18
Beiordnung	1
adverbial (konzessiv)	2
adverbial (temporal)	22

Penelopa amore mota exspectavit.

21	Penelope war von Liebe bewegt und wartete deshalb.
22	Penelope wartete, weil sie von Liebe bewegt war.
23	Penelope wartete aus Liebe.
24	Die verliebte Penelope wartete.

Präpositionalausdruck	21
Beiordnung	5
adverbial (kausal)	14
attributiv (wörtlich)	6

Substantive und Adjektive

		Lösung	
1	mōtus, mōtūs *m*	voll (von/mit)	15
2	metus, metūs *m*	Flut, Strömung	18
3	magistrātus, magistrātūs *m*	Haus	19
4	domus, domūs *f*	Bewegung	20
5	caelum, caelī *n*	Angst	24
6	lūctus, lūctūs *m*	Himmel	16
7	flūctus, flūctūs *m*	Seufzen, Stöhnen; Traurigkeit	14
8	gemitus, gemitūs *m*	geweiht, heilig	13
9	manus, manūs *f*	in Erinnerung an	17
10	plēnus, plēna, plēnum *(m. Gen.)*	Hand	22
11	sacer, sacra, sacrum *(m. Gen.)*	Trauer	23
12	memor, memor, memor; *Gen.:* memoris *(m. Gen.)*	Amt; Beamter	21

Verben und Adverbien

		Lösung	
13	neglegere, neglegō, neglēxī, neglēctum	nennen	12
14	nōmināre, nōminō, nōmināvī, nōminātum	zerbrechen	9
15	persuādēre, persuādeō, persuāsī, persuāsum *(m. Dat.)*	bewirtschaften, pflegen; verehren	11
16	vīvere, vīvō, vīxī	*relativer Satzanschluss:* deshalb	3
17	tendere, tendō, tetendī, tentum	drehen, wenden	4
18	frangere, frangō, frēgī, frāctum	kaum, (nur) mit Mühe	1
19	cadere, cadō, cecidī	fallen	5
20	dēmittere, dēmittō, dēmīsī, dēmissum	hinabschicken, sinken lassen	2
21	vertere, vertō, vertī, versum	nicht (be)achten, vernachlässigen	8
22	colere, colō, coluī, cultum	sich anstrengen, spannen; (aus)strecken	6
23	vix *Adv.*	überzeugen *(mit AcI/Inf.)*	10
24	quārē *Adv.*	leben	7

Fast identisch. Bestimme genau:

		Lösung	
1	eodem metu	Dat. Sg. *m*	13
2	eadem manu	Nom. Sg. *m*	17
3	eisdem motibus	Nom. Sg. *f*	18
4	eorundem motuum	Abl. Sg. *f*	22
5	idem metus	Nom. oder Akk. Sg. *n*	15
6	eiusdem metus	Dat. oder Abl. Pl. *m*	24
7	eundem metum	Akk. Pl. *m*	14
8	eidem metui	Akk. Sg. *m*	16
9	iidem motus	Abl. Sg. *m*	19
10	eadem domus	Gen. Pl. *m*	20
11	eosdem motus	Gen. Sg. *m*	21
12	idem corpus	Nom. Pl. *m*	23

Himmel und Erde. Übersetze:

		Lösung	
13	Senatus motus terrae memor tacet.	Der Tempel ist demselben Gott geweiht/heilig.	6
14	Senatus metus plenus tacet.	Die Beamten betreten das Haus.	3
15	Senatus luctus plenus tacet.	Der Senator selbst tritt an die Beamten heran.	9
16	Senatores motus terrae memores tacent.	Derselbe Senator tritt das Amt an.	5
17	Magistratus signa caeli neglegit.	Der Tempel ist derselben Göttin geweiht/heilig.	2
18	Magistratus intra domum est.	Der Beamte beachtete die Himmelszeichen nicht.	1
19	Magistratus domum intrant.	Die Senatoren schweigen in Erinnerung an das Erdbeben.	8
20	Magistratus signa caeli neglexit.	Voller Trauer (voll von Trauer) schweigt der Senat.	11
21	Idem senator magistratum init.	Der Beamte befindet sich innerhalb des Hauses.	12
22	Senator ipse magistratus adit.	In Erinnerung an das Erdbeben schweigt der Senat.	7
23	Templum eiusdem deae sacrum est.	Voller Angst (voll von Angst) schweigt der Senat.	10
24	Templum eiusdem dei sacrum est.	Der Beamte beachtet die Himmelszeichen nicht.	4

Derselbe → selbst. Ersetze die jeweilige Form von *idem* durch die entsprechende Form von *ipse*:

		Lösung	
1	īdem	ipsam (Akk. Sg. *f*)	24
2	eorundem	ipsa (Nom. oder Abl. Sg. *f* bzw. Nom. oder Akk. Pl. *n*)	18
3	eandem	ipsae (Nom. Pl. *f*)	8
4	eaedem	ipsos (Akk. Pl. *m*)	11
5	eidem	ipsorum (Gen. Pl. *m/n*)	21
6	eundem	ipse (Nom. Sg. *m*)	19
7	idem	ipsius (Gen. Sg. *m/f/n*)	16
8	eodem	ipsis (Dat. oder Abl. Pl. *m/f/n*)	2
9	eosdem	ipsi (Dat. Sg. *m/f/n*)	5
10	eadem	ipsum (Nom. oder Akk. Sg. *n*)	15
11	(e)isdem	ipsum (Akk. Sg. *m*)	22
12	eiusdem	ipso (Abl. Sg. *m/n*)	13

Liebe, Angst und mehr.
Übersetze:

		Lösung	
13	amor matris *(Gen. subi.)*	in Erinnerung an die Mutter	17
14	metus mortis	die Liebe der Mutter	7
15	metus hostium *(Gen. obi.)*	Eigenliebe	20
16	amor sui	voll von Feinden	10
17	amor matris *(Gen. obi.)*	die Hand des Priesters	4
18	metus hostium *(Gen. subi.)*	die Angst vor dem Tod	9
19	manus sacerdotis	die Angst vor den Feinden	23
20	timor populi *(Gen. subi.)*	die Angst des Volkes	1
21	memor matris	die Angst vor dem Volk	6
22	plenus hostium	die Liebe zur Mutter	3
23	sacer deorum	die Angst der Feinde	12
24	timor populi *(Gen. obi.)*	den Göttern geweiht/heilig	14

Substantive, Adjektive, Adverbien

		Lösung	
1	pars, partis *f (Gen. Pl.: -ium)*	Philosophie	15
2	inopia, inopiae *f*	Art, Weise; Maß	17
3	disciplīna, disciplīnae *f*	kaum	11
4	patrēs (cōnscrīptī), patrēs (cōnscrīptōrum) *m Pl.*	junger Mann; *Adj.:* jung	13
5	modus, modī *m*	Begräbnis, Untergang	22
6	fūnus, fūneris *n*	Senatoren	20
7	philosophia, philosophiae *f*	Richtung, Seite, Teil	7
8	adulescēns, adulescentis *m*	schlecht, schlimm	6
9	vix *Adv.*	notwendig	4
10	male *Adv.*	Disziplin, Lehre	24
11	acerbus, acerba, acerbum	bitter, grausam, rücksichtslos	2
12	necessārius, necessāria, necessārium	Mangel, Not	9

Verben

		Lösung	
13	docēre, doceō, docuī, doctum	aufheben, in die Höhe heben, wegnehmen	10
14	incipere, incipiō, incēpī (coepī), inceptum	üben, trainieren; quälen	8
15	exstinguere, exstinguō, exstīnxī, exstīnctum	lehren, unterrichten	19
16	exercēre, exerceō, exercuī	einschätzen, beurteilen	14
17	corrumpere, corrumpō, corrūpī, corruptum	(ver)ändern; verwandeln	12
18	mūtāre, mūtō, mūtāvī, mūtātum	es ist wichtig (für jmd.)	18
19	damnāre, damnō, damnāvī, damnātum *(m. Gen.)*	anfangen, beginnen	21
20	resistere, resistō, restitī	kritisieren; wieder aufgreifen	5
21	reprehendere, reprehendō, reprehendī, reprehēnsum	bestechen, verderben	3
22	tollere, tollō, sustulī, sublātum	stehen bleiben; Widerstand leisten	1
23	aestimāre, aestimō, aestimāvī, aestimātum	auslöschen, vernichten	23
24	interest *(m. Gen.)*	verurteilen (wegen)	16

Alles Ablativ.
Bestimme genau:

1	Romanis
2	porta
3	patribus
4	templo
5	portis
6	modo
7	parte
8	manu
9	templis
10	manibus
11	patre
12	partibus

Lösung

Abl. Sg. (3. Dekl. *m*)	14
Dat. oder Abl. Pl. (u-Dekl. *f*)	16
Dat. oder Abl. Pl. (3. Dekl. *f*)	18
Abl. Sg. (u-Dekl. *f*)	1
Abl. Sg. (3. Dekl. *f*)	5
Dat. oder Abl. Pl. (o-Dekl. *n*)	15
Dat. oder Abl. Pl. (a-Dekl. *f*)	3
Dat. oder Abl. Sg. (o-Dekl. *n*)	2
Dat. oder Abl. Sg. (o-Dekl. *m*)	6
Nom. oder Abl. Sg. (a-Dekl. *f*)	17
Dat. oder Abl. Pl. (3. Dekl. *m*)	4
Dat. oder Abl. Pl. (o-Dekl. *m*)	13

Alles Abl. abs. Übersetze:

13	philosophis Romanos corrumpentibus
14	animis corruptis
15	oratione Catonis audita
16	Catone orationem habente
17	animis mutatis
18	Catone philosophos reprehendente
19	Romanis philosophos audientibus
20	sententia verborum cognita
21	oratione Catonis habita
22	Catone magni aestimato
23	senatoribus Catonem magni aestimantibus
24	senatu in philosophos vindicante

Lösung

als (weil) die Senatoren Cato hoch schätzen/schätzten	8
als (weil) die Römer den Philosophen zuhören/zuhörten	12
nachdem (weil) die Rede Catos gehört worden ist/war	9
nachdem (weil) die Rede Catos gehalten worden ist/war	21
nachdem (weil) die Gesinnung sich geändert hat/hatte	23
nachdem (weil) die Gesinnung verdorben worden ist/war	11
als (weil) der Senat gegen die Philosophen vorgeht/vorging	10
nachdem (weil) der Sinn der Worte erkannt worden ist/war	19
als (weil) Cato eine Rede hält/hielt	20
als (weil) die Philosophen die Römer verderben/verdarben	7
nachdem (weil) Cato hoch geschätzt worden ist/war	24
als (weil) Cato die Philosophen kritisiert/kritisierte	22

Cato und die Philosophen – Gib das Nomen an, mit dem das *Partizip* jeweils einen *Ablativus absolutus* bildet:

		Lösung 1		Lösung 2	
1	Philosophis Graecis adulescentes Romanos *corrumpentibus* Cato tacuit.	adulescentes	12	Philosophis	23
2	Animis iuvenum a philosophia Graeca *corruptis* Cato orationem habuit.	Animis	19	iuvenum	10
3	Oratione Catonis *audita* animi senatorum mutati sunt.	Oratione	10	animi	19
4	Catone orationem *habente* senatus animum mutavit.	Catone	12	senatus	23
5	Animis senatorum *mutatis* philosophi Graeci expulsi sunt.	philosophi	11	Animis	9
6	Catone philosophos Graecos *reprehendente* animus senatus mutatus est.	Catone	8	philosophos	7
7	Iuvenibus philosophis Graecis aures *praebentibus* Cato orationem habuit.	Iuvenibus	7	philosophis	11
8	Sententiis philosophorum Graecorum *cognitis* Cato orationem habuit.	Sententiis	11	Cato	8
9	Catone orationem *habente* philosophi Graeci tacuerunt.	philosophi	22	Catone	21
10	Sententia Catonis magni *aestimata* philosophi Graeci expulsi sunt.	Catonis	21	Sententia	22
11	Senatoribus sententiam Catonis magni *aestimantibus* philosophi Graeci expulsi sunt.	Senatoribus	24	philosophi	20
12	Senatu in philosophos Graecos *vindicante* Cato contentus fuit.	Senatu	20	Cato	24

Alles Partizip. Bestimme genau:

		Lösung	
13	cognoscens	PPP Akk. Sg. *m* bzw. Nom. oder Akk. Sg. *n*	14
14	cognito	PPA Nom. Sg. *m/f/n* bzw. Akk. Sg. *n*	5
15	cognita	PPA Nom. oder Akk. Pl. *n*	6
16	cognitis	PPP Dat. oder Abl. Sg. *m/n*	1
17	cognoscentis	PPA Dat. oder Abl. Pl. *m/f/n*	4
18	cognoscente	PPP Nom. Sg. *f* bzw. Nom. oder Akk. Pl. *n*	3
19	cognitā	PPA Abl. Sg. *m/f/n*	16
20	cogniti	PPP Abl. Sg. *f*	2
21	cognoscenti	PPP Dat. oder Abl. Pl. *m/f/n*	18
22	cognitum	PPA Gen. Sg. *m/f/n*	13
23	cognoscentia	PPA Dat. Sg. *m/f/n*	15
24	cognoscentibus	PPP Gen. Sg. *m/n* bzw. Nom. Pl. *m*	17

Substantive, Adjektive

1	lēx, lēgis *f*
2	cūstōs, cūstōdis *m/f*
3	aditus, aditūs *m*
4	facinus, facinoris *n*
5	honor/honōs, honōris *m*
6	socius, sociī *m*
7	mēns, mentis *f (Gen. Pl.:* -ium*)*
8	exercitus, exercitūs *m*
9	venia, veniae *f*
10	difficilis, difficilis, difficile
11	honestus, honesta, honestum
12	armātus, armāta, armātum

Lösung

angesehen, ehrenhaft	5
Gefährte, Verbündeter	16
Gesetz, Bedingung	12
bewaffnet	4
schwierig	1
Ehre, Ehrenamt	2
Handlung, Untat	11
Wächter(in)	15
Geist, Sinn, Verstand; Meinung	3
Heer	6
Gefallen, Nachsicht, Verzeihung	8
Zugang	7

Verben

13	colligere, colligō, collēgī, collēctum
14	committere, committō, commīsī, commissum
15	cōnstituere, cōnstituō, cōnstituī, cōnstitūtum
16	condere, condō, condidī, conditum
17	cavēre, caveō, cāvī, cautum *(m. Akk.)*
18	audēre, audeō
19	impetrāre, impetrō, impetrāvī, impetrātum
20	obsecrāre, obsecrō, obsecrāvī, obsecrātum
21	obtinēre, obtineō, obtinuī
22	occīdere, occīdō, occīdī, occīsum
23	ostendere, ostendō, ostendī, ostentum
24	cognōscere, cognōscō, cognōvī, cognitum

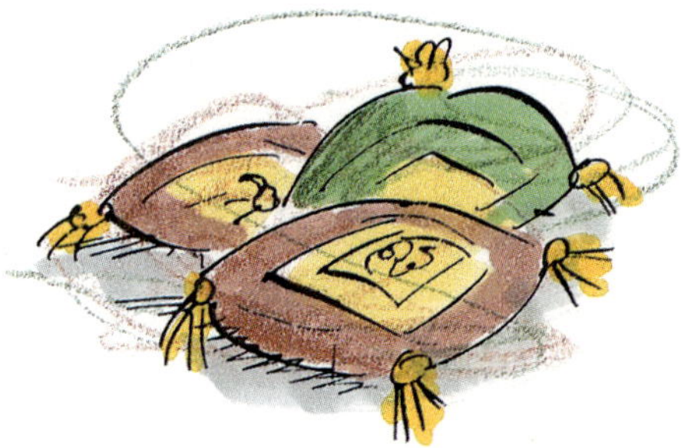

Lösung

erreichen, durchsetzen	10
erbauen, gründen; verwahren	23
sammeln	24
zeigen, erklären	17
anflehen, bitten	18
sich hüten (vor); Vorsorge treffen	9
festsetzen, beschließen	20
erkennen, kennenlernen	13
wagen	19
anvertrauen; veranstalten; zustande bringen	21
(in Besitz) halten, (besetzt) halten	14
niederschlagen, töten	22

Ablativus absolutus. Wichtige Wendungen:

		Lösung	
1	Cicerone consule	auf Veranlassung der Senatoren	24
2	Cicerone duce	gegen den Willen des Vaters	3
3	Cicerone invito	auf Veranlassung Ciceros	2
4	Cicerone auctore	unter dem Konsulat Ciceros	13
5	Cicerone absente	unter der Führung Ciceros	15
6	Cicerone vivo	in Abwesenheit Ciceros	11
7	patre invito	gegen den Willen der Mutter	19
8	matre invita	unter der Führung der Senatoren	8
9	patribus invitis	auf Veranlassung des Vaters	4
10	patribus auctoribus	gegen den Willen der Senatoren	5
11	patribus ducibus	zu Lebzeiten Ciceros	16
12	patre auctore	gegen den Willen Ciceros	18

Antigone (1). Gib an, ob sich die *kursiv* gedruckten Wörter auf das Partizip oder das Prädikat beziehen:

		Lösung 1		Lösung 2	
13	Fratribus *de imperio* pugnantibus Antigona tristis est.	pugnantibus	1	tristis est	14
14	Fratribus Antigonae *in proelio* occisis Creon imperium obtinet.	occisis	21	obtinet	17
15	Creonte imperium obtinente Eteocles *magno in honore* est.	obtinente	1	est	17
16	Imperio *a Creonte* occupato Polynices sine honore est.	est	21	occupato	14
17	Creonte *funus Polynicis* prohibente Antigona dolore commota est.	commota est	6	prohibente	9
18	Rege funus prohibente Antigona *flagitio* resistit.	resistit	6	prohibente	9
19	Ismena *legi Creontis* parente Antigona flagitio resistit.	parente	10	resistit	22
20	Ismena deos obsecrante Antigona *fratrem* sepelit.	obsecrante	23	sepelit	7
21	Sorore *iram Creontis* cavente Antigona iram excitat.	cavente	23	excitat	10
22	Fratre sepulcro condito Antigona *domum* redit.	redit	22	condito	7
23	Antigona *mortis* damnata Ismena flet.	flet	12	damnata	20
24	Antigona *a Creonte* interfecta filius Creontis vitae finem facit.	facit	20	interfecta	12

sepelire, sepelio *begraben* sepulcrum, sepulcri *n* *Grab*

Antigone (2). Übersetze:

1	*Antigona flente* Creon ridet.
2	*Fratribus Antigonae in proelio occisis* Creon imperium obtinuit.
3	*Creonte imperium obtinente* Eteocles magno in honore est.
4	*Imperio a Creonte occupato* Polynices sine honore erat.
5	*Creonte funus Polynicis prohibente* Antigona dolore commota est.
6	*Creonte ridente* Antigona flet.
7	*Fratribus Antigonae in proelio occisis* Creon imperium obtinet.
8	*Rege funus prohibente* Antigona huic flagitio resistit.
9	*Creonte funus Polynicis prohibente* Antigona dolore commovetur.
10	☺
11	*Rege funus prohibente* Antigona flagitio restitit.
12	*Creonte imperium obtinente* Eteocles magno in honore fuit.

Lösung

Als der König das Begräbnis verhindert, leistet Antigone gegen diese Schandtat Widerstand.	7
Während Kreon lacht, weint Antigone.	4
Weil die Herrschaft von Kreon eingenommen worden war, war Polynikes ohne Ehre.	2
Als Kreon die Herrschaft hat, steht Eteokles in großer Ehre.	6
☺	24
Kreon hatte die Herrschaft, nachdem die Brüder Antigones sich im Kampf getötet hatten.	15
Als Kreon die Herrschaft hatte, stand Eteokles in großer Ehre.	22
Während Antigone weint, lacht Kreon.	13
Weil Kreon das Begräbnis des Polynikes behinderte, wurde Antigone von Schmerz bewegt.	11
Kreon hat die Herrschaft, nachdem die Brüder Antigones sich im Kampf töteten.	9
Als der König das Begräbnis verhinderte, leistete Antigone gegen diese Schandtat Widerstand.	20
Weil Kreon das Begräbnis des Polynikes behindert, wird Antigone von Schmerz bewegt.	17

13	*Ismena flente* Creon tacet.
14	*Ismena deos obsecrante* Antigona fratrem sepelivit.
15	*Ismene monente* Antigona iram Creontis excitat.
16	☺☺
17	*Antigona a Creonte interfecta* Haemon vitae finem facit.
18	*Antigona mortis damnata* Ismena flevit.
19	*Antigona a Creonte interfecta* Haemon vitae finem fecit.
20	*Antigona mortis damnata* Ismena fleverat.
21	*Ismena legi Creontis parente* Antigona flagitio restitit.
22	*Fratre sepulcro condito* Antigona flet.
23	*Ismene monente* Antigona iram Creontis excitavit.
24	*Creonte invito* Ismena flevit.

Während Ismene dem Gesetz des Kreon gehorchte, widersetzte sich Antigone der Schandtat.	23
Nachdem (weil) Antigone von Kreon getötet wurde, beendet Haemon sein Leben.	21
Während Ismene die Götter anflehte, begrub Antigone den Bruder.	3
Obwohl Ismene (sie) warnte, erregte Antigone den Zorn Kreons.	8
Obwohl Ismene (sie) warnt, erregt Antigone den Zorn Kreons.	5
Antigone weint, nachdem (weil) der Bruder (von ihr) im Grab verwahrt wurde.	16
Während Ismene weint, schweigt Kreon.	1
☺☺	14
Ismene weinte gegen den Willen Kreons.	12
Ismene hatte geweint, weil (nachdem) Antigone zum Tod verurteilt worden war.	19
Ismene weinte, weil (nachdem) Antigone zum Tod verurteilt worden war.	18
Nachdem (weil) Antigone von Kreon getötet worden war, beendete Hämon sein Leben.	10

Substantive, Adjektive

		Lösung	
1	spēs, speī *f*	Grund, Vernunft, Überlegung; Berechnung; Art und Weise	14
2	fidēs, fideī *f*	Feuer, Flamme	17
3	diēs, diēī *m*	Angelegenheit, Ding, Sache	16
4	rēs, reī *f*	Tag	18
5	malum, malī *n*	riesig; öde, verwüstet	4
6	ratiō, rationis *f*	leicht, leichtsinnig	2
7	furor, furōris *m*	Glaube, Treue, Vertrauen, Zuverlässigkeit	13
8	adventus, adventūs *m*	Ankunft	3
9	flamma, flammae *f*	wer denn, was denn?	6
10	quisnam, quidnam	Erwartung, Hoffnung	15
11	vāstus, vāsta, vāstum	Wahnsinn, Wut	1
12	levis, levis, leve	Leid, Übel, Unglück	5

Verben und Adverbien

		Lösung	
13	sollicitāre, sollictō, sollicitāvī, sollicitātum	entflammen, in Brand stecken	9
14	subīre, subeō, subiī, subitum	gehen, nachgeben, weichen	24
15	cōgere, cōgō, coēgī, coāctum	aufhetzen, beunruhigen, erregen	21
16	dēesse, dēsum, dēfuī	genug	10
17	dēdere, dēdō, dēdidī, dēditum	wie, wo, wohin	20
18	cēdere, cēdō, cessī, cessum	auf sich nehmen, herangehen	19
19	accidere, accidō, accidī	gleichsam, geradezu, fast	12
20	incendere, incendō, incendī, incēnsum	geschehen, sich ereignen	8
21	ūnā *Adv.*	ausliefern, übergeben	7
22	quō *Adv.*	(ver)sammeln, zwingen	23
23	satis *Adv.*	zugleich, zusammen	11
24	quasi *Adv.*	abwesend sein, fehlen	22

Redegewandt. Übersetze:

1	Ea res mihi libet/libuit.
2	Ea res me pudet/puduit.
3	Amore captus est/fuit.
4	Vitam agit/egit.
5	Fidem praestat/praestitit.
6	Mihi praestat/praestitit.
7	Dies noctesque dubitat/dubitavit.
8	Dies noctesque labores subit/subiit.
9	Proelium committit/commisit.
10	Aures mihi praebet/praebuit.
11	Eam rem magni aestimat/aestimavit.
12	Res adversae accidunt/acciderunt.

Lösung

Er/Sie beginnt/begann die Schlacht.	11
Er/Sie hält/hielt die Treue.	5
Diese Sache beschämt/beschämte mich.	9
Er/Sie schätzt/schätzte diese Sache hoch.	2
Er/Sie führt/führte sein/ihr Leben.	8
Er/Sie übertrifft/übertraf mich.	10
Diese Sache gefällt/gefiel mir.	7
Ein Unglück geschieht/geschah.	4
Er/Sie hört/hörte mir zu.	6
Er ist/war von Liebe ergriffen/verliebt.	12
Er/Sie verrichtet/verrichtete Tage und Nächte (lang) Arbeiten.	1
Er/Sie zweifelt/zweifelte Tage und Nächte (lang).	3

Sachverstand. Bestimme genau:

13	re
14	rerum
15	rem
16	rebus
17	diebus
18	rēge
19	regi
20	res
21	rēgem
22	rēx
23	rēxi
24	rei

Lösung

Gen. oder Dat. Sg. *f*	18
Gen. Pl. *f*	21
1. Pers. Sg. Perf. Akt.	14
Abl. Sg. *f*	19
Nom. Sg. *m*	22
Dat. oder Abl. Pl. *f*	20
Akk. Sg. *f*	23
Akk. Sg. *m*	17
Abl. Sg. *m*	24
Dat. oder Abl. Pl. *m*	15
Inf. Präs. Pass.	16
Nom. Sg. *f* bzw. Nom. oder Akk. Pl. *f*	13

Welcher ...? Füge zu den Substantiven das jeweils passende *Interrogativpronomen* hinzu:

1	honos
2	officii
3	rem
4	curis
5	honori
6	arbor
7	iter
8	honores (Nom. Pl.)
9	adventum
10	honores (Akk. Pl.)
11	re
12	officia

Lösung

cui	17
quod	15
quae (Nom. Sg. *f*)	22
quibus	20
quam	24
qui (Nom. Pl. *m*)	13
quem	23
cuius	21
quos	18
quae (Nom. oder Akk. Pl. *n*)	16
qua	14
qui (Nom. Sg. *m*)	19

Fragen über Fragen. Übersetze genau:

13	Quis venit?
14	Venitne?
15	Quisnam venit?
16	Cuius viri ea res interest?
17	Nonne venit?
18	Cui feminae ea res placet?
19	Quid venit?
20	Quibus rebus is vir gaudet?
21	Num venit?
22	Quem virum ea res pudet?
23	Quin venit?
24	Quando venit?

Lösung

Wann kommt er/sie?	6
Worüber freut sich dieser Mann?	1
Für welchen Mann ist diese Sache wichtig?	8
Kommt er/sie?	9
Welcher Frau gefällt diese Sache?	12
Welchen Mann beschämt diese Sache?	10
Warum kommt er/sie nicht?	2
Was kommt?	4
Wer kommt denn?	11
Kommt er/sie etwa nicht?	3
Wer kommt?	7
Kommt er/sie etwa?	5

Substantive und Adjektive

		Lösung	
1	īgnis, īgnis *m (Gen. Pl.:* -ium*)*	lieb, teuer, wertvoll	17
2	umbra, umbrae *f*	energisch, heftig, scharf	1
3	sēdēs, sēdis *f*	Platz, Sitz, Wohnsitz	20
4	nūmen, nūminis *n*	freundschaftlich, vertraut; *Subst.:* Freund	6
5	ācer, ācris, ācre	Feuer	23
6	commūnis, commūnis, commūne	Gottheit, göttlicher Wille	12
7	dulcis, dulcis, dulce	gemeinsam, allgemein	10
8	cārus, cāra, cārum	Schatten	9
9	clārus, clāra, clārum	schrecklich, wild, wütend	4
10	parvus, parva, parvum	berühmt, hell, klar	7
11	familiāris, familiāris, familiāre	klein, gering	14
12	saevus, saeva, saevum	angenehm, süß	3

Verben, Adverbien und Präpositionen

		Lösung	
13	extrā *Präp. m. Akk.*	entfliehen, entkommen	16
14	intrā *Präp. m. Akk.*	übertreffen	22
15	saepe *Adv.*	oft	19
16	semper *Adv.*	behalten, festhalten, zurückhalten	15
17	retinēre, retineō, retinuī	außerhalb (von)	11
18	ēdūcere, ēdūcō, ēdūxī, ēductum	gewähren, leisten, zeigen	18
19	effugere, effugiō, effūgī *m. Akk.*	innerhalb (von)	21
20	ēvenīre, ēveniō, ēvēnī, ēventum	erblicken	13
21	cōnspicere, cōnspiciō, cōnspexī, cōnspectum	geben, hinhalten	2
22	praestāre, praestō, praestitī *m. Dat.*	herausführen	8
23	praestāre, praestō, praestitī *m. Akk.*	sich ereignen	5
24	praebēre, praebeō, praebuī, praebitum	immer	24

Freund und Feind. Übersetze *(nur 34 B)*:

1	Familiaris pecunia caret.
2	Familiaris pecunia caruit.
3	Familiaris nos (a) periculis liberaverat.
4	Familiaris a nobis (a) periculis liberatus erat.
5	Hostes vos (a) sedibus expellent.
6	Hostes vos (a) sedibus expellunt.
7	Ab hostibus defendimur.
8	Ab hostibus defendimini.
9	Familiaris (a) metu liber erat.
10	Familiares (a) metu liberi erant.
11	Hostes (a) sedibus prohibere debemus.
12	Hostes (a) sedibus prohibere debuimus.

Lösung

Die Feinde vertreiben euch von den Wohnsitzen.	20
Der Freund hatte kein Geld.	19
Wir müssen die Feinde von den Wohnsitzen abhalten.	18
Ihr werdet vor den Feinden verteidigt.	17
Der Freund hatte uns von Gefahren befreit.	10
Wir mussten die Feinde von den Wohnsitzen abhalten.	14
Wir werden vor den Feinden verteidigt.	13
Der Freund hat kein Geld.	23
Der Freund war von uns von Gefahren befreit worden.	24
Der Freund war frei von Furcht.	9
Die Feinde werden euch von den Wohnsitzen vertreiben.	3
Die Freunde waren frei von Furcht.	4

Äneas (1). Übersetze:

13	Comites Aeneam virum fortem vocant.
14	Comites Aeneam virum fortem appellabant.
15	Comites Aeneam virum fortem nominaverant.
16	Comites Aeneam virum pium vocant.
17	Aeneas se virum pium praebet.
18	Aeneas se virum fortem praebuit.
19	Aeneas gentem suam claram reddidit.
20	Aeneas gentem suam claram reddet.
21	Comites Aeneam virum fortem putant.
22	Comites Aeneam virum fortem habuerunt.
23	Aeneas Laviniam uxorem suam fecit.
24	Comites Aeneam ducem faciunt.

Lösung

Die Gefährten halten Äneas für einen tapferen Mann.	15
Die Gefährten machen Aneas zum Anführer.	16
Äneas zeigte sich als tapferer Mann.	22
Die Gefährten hatten Äneas einen tapferen Mann genannt.	21
Die Gefährten nennen Äneas einen tapferen Mann.	11
Die Gefährten bezeichnen Äneas als pflichtbewussten Mann.	12
Die Gefährten hielten Äneas für einen tapferen Mann.	8
Äneas machte seine Familie berühmt.	2
Die Gefährten nannten Äneas einen tapferen Mann.	7
Äneas zeigt sich als pflichtbewusster Mann.	1
Äneas wird seine Familie berühmt machen.	5
Äneas machte Lavinia zu seiner Frau.	6

Alles klar. Bestimme genau:

		Lösung	
1	clarior	Dat. Sg. *m/f/n*	21
2	clarissimum	Nom. oder Akk. Sg. *n* bzw. Adverb	22
3	clarius	Akk. Sg. *m/f*	18
4	clarissima	Nom. Sg. *m/f*	19
5	clariore	Nom. oder Akk. Pl. *m/f*	13
6	clarissimi	Dat. oder Abl. Pl. *m/f/n*	14
7	clariorem	Nom. Sg. *n* bzw. Akk. Sg. *m/n*	23
8	clarioribus	Gen. Pl. *m/f/n*	16
9	clariori	Nom. oder Akk. Pl. *n*	17
10	clariorum	Gen. Sg. *m/n* bzw. Nom. Pl. *m*	24
11	clariores	Nom. oder Abl. Sg. *f* bzw. Nom. oder Akk. Pl. *n*	20
12	clariora	Abl. Sg. *m/f/n*	15

Äneas (2). Übersetze:

		Lösung	
13	Aeneas clarior fuit.	Die Feinde flohen möglichst schnell vor Äneas.	3
14	Aeneas clarior quam Turnus fuit.	Äneas war sehr berühmt/hochberühmt.	7
15	Aeneas fortior Turno fuit.	Die Feinde flohen sehr schnell vor Äneas.	11
16	Aeneas clarissimus fuit.	Niemand war tapferer als Äneas.	10
17	Nemo clarior Aenea fuit.	Je tapferer Äneas kämpfte, desto schneller entflohen die Feinde.	6
18	Nemo fortior quam Aeneas fuit.	Die Feinde flohen ziemlich schnell vor Äneas.	2
19	Quo fortius Aeneas pugnabat, eo celerius hostes effugiebant.	Je schneller die Feinde entflohen, desto tapferer kämpfte Äneas.	1
20	Quo celerius hostes effugiebant, eo fortius Aeneas pugnabat.	Niemand war berühmter als Äneas.	5
21	Hostes Aeneam quam celerrime effugiebant.	Äneas war tapferer als Turnus.	9
22	Hostes Aeneam celerrime effugiebant.	Äneas war berühmter als Turnus.	12
23	Hostes Aeneam celerius effugiebant.	Äneas war ziemlich berühmt.	8
24	Aeneas fortissimus omnium fuit.	Äneas war der tapferste von allen.	4

Substantive und Adjektive

		Lösung	
1	ūsus, ūsūs *m*	entgegengesetzt, feindlich, verschieden	17
2	lingua, linguae *f*	Reise, Marsch, Weg	13
3	pretium, pretiī *n*	der kleinste, der geringste	18
4	portus, portūs *m*	Benutzung, Nutzen	5
5	iter, itineris *n*	gering, klein	10
6	magnus, magna, magnum	der größte, sehr groß	9
7	parvus, parva, parvum	der beste, sehr gut	14
8	dīversus, dīversa, dīversum	Preis, Wert, Geld	2
9	plūrimī, plūrimae, plūrima *Pl.*	sehr viele	1
10	optimus, optima, optimum	Rede, Sprache	3
11	minimus, minima, minimum	groß, bedeutend	4
12	maximus, maxima, maximum	Hafen	6

Verben und Adverbien

		Lösung	
13	cōnstāre, cōnstō, cōnstitī	fahren, tragen, ziehen	22
14	cōnsulere, cōnsulō, cōnsuluī, cōnsultum *m. Dat.*	sorgen für	16
15	cōnsulere, cōnsulō, cōnsuluī, cōnsultum *m. Akk.*	freilich, natürlich, selbstverständlich	24
16	cōnsulere, cōnsulō, cōnsuluī, cōnsultum in *m. Akk.*	beraten über	21
17	cōnsulere, cōnsulō, cōnsuluī, cōnsultum dē *m. Abl.*	feststehen; kosten	11
18	lavāre, lavō, lāvī, lautum	freilich	20
19	vehere, vehō, vēxī, vectum	nehmen	19
20	emere, emō, ēmī, ēmptum	befragen	7
21	sūmere, sūmō, sūmpsī, sūmptum	waschen, reinigen	8
22	maximē *Adv.*	kaufen	23
23	scīlicet *Adv.*	am meisten, besonders	15
24	quippe *Adv.*	Maßnahmen ergreifen gegen	12

Kaufmannslatein (1). Übersetze:

		Lösung	
1	Id pretium mercatori honori est.	Dieser Preis bereitet dem Kaufmann Sorge.	23
2	Id pretium mercatori usui est.	Das Haus des Kaufmanns kostet viel/ ist teuer.	19
3	Id pretium mercatori curae est.	Ein Kaufmann hilft einem anderen (Kaufmann).	15
4	Manus manum lavat.	Der Kaufmann kauft das Haus billig (für einen geringen Preis).	24
5	Mercator domum magno pretio emit.	Eine Hand wäscht die andere.	21
6	Domus mercatoris magno constat.	Der Kaufmann verkauft das Haus teuer (für einen hohen Preis).	16
7	Mercatori domus est.	Dieser Preis ist von Nutzen für den Kaufmann.	20
8	Mercator mercatori adest.	Dieser Preis verschafft dem Kaufmann Ehre.	22
9	Mercator domum parvo pretio emit.	Der Kaufmann sorgt gut für sich.	18
10	Mercator sibi bene consulit.	Dieser Kaufmann hat mehr Geld als viele Senatoren (übertifft viele Senatoren an Geld).	14
11	Mercator domum magno pretio vendit.	Der Kaufmann besitzt ein Haus.	13
12	Is mercator multis senatoribus pecunia praestat.	Der Kaufmann kauft das Haus teuer (für einen hohen Preis).	17

Stammformen. Übersetze korrekt:

		Lösung 1		Lösung 2	
13	cavi	ich hütete mich	9	ich wusch	4
14	conspexi	ich vertraute an	1	ich erblickte	7
15	tetendi	ich strengte mich an	11	ich berührte	2
16	vici	ich siegte	10	ich lebte	12
17	cepi	ich begann	7	ich fasste	2
18	interfeci	ich beendete	9	ich tötete	12
19	dedidistis	ihr übergabt	1	ihr gabt	10
20	collegimus	wir zwangen	11	wir sammelten	4
21	perdidit	er/sie richtete zugrunde	6	er/sie ging zugrunde	8
22	coluerunt	sie pflegten	8	sie befragten	3
23	respexisti	du blicktest zurück	3	du verlangtest zurück	6
24	pressi	ich vertrieb	3	ich drückte	5

Setzkasten. Ersetze die Nummern durch die ihnen entsprechenden lateinischen Formen:

gut	1	2
3	kleiner	4
5	6	die meisten
groß	7	8
oft	9	10
elend	elender	11
leicht	leichter	12

Lösung

miserrimus	6
parvus	4
multi	10
saepius	3
melior	11
maior	1
facillimus	2
plures	8
saepissime	9
optimus	7
maximus	5
minimus	12

Steigerung. Übersetze genau:

13	Haec puella pulcherrima est.
14	Nemo hoc viro maior est.
15	Illa puella etiam pulchrior hac est.
16	Hi viri miserrimi sunt.
17	Nulla puella hac pulchrior est.
18	Hoc vinum optimum est.
19	Illud vinum etiam melius est.
20	Hic vir maximus est.
21	Nullum iter hoc difficilius est.
22	Nulla domus hac superior est.
23	Nemo his viris miserior est.
24	Te magis quam me, sed maxime illam amat.

Lösung

Niemand ist größer als dieser Mann.	19
Dieses Mädchen ist sehr schön/ das Schönste.	23
Jenes Mädchen ist noch schöner als dieses.	16
Jener Wein ist noch besser.	14
Niemand ist ärmer (dran) als diese Männer.	18
Kein Weg ist schwerer als dieser.	21
Kein Haus ist höher gelegen als dieses.	20
Diese Männer sind sehr arm (dran)/die ärmsten (Schweine).	24
Dieser Wein ist sehr gut/der Beste.	15
Kein Mädchen ist schöner als dieses.	13
Dieser Mann ist sehr groß/der Größte.	17
Dich mag er mehr als mich, aber am meisten mag er jene.	22

Substantive, Adjektive und Pronomen

1	ingenium, ingeniī *n*
2	ōtium, ōtiī *n*
3	genus, generis *n*
4	sūmptus, sūmptūs *m*
5	voluptās, voluptātis *f*
6	ille, illa, illud (*Gen.:* illīus; *Dat.:* illī)
7	ipse, ipsa, ipsum (*Gen.:* ipsīus; *Dat.:* ipsī)
8	īdem, eadem, idem (*Gen.:* eiusdem; *Dat.:* eīdem)
9	aliquis, aliquis, aliquid (*Gen.:* alicuius; *Dat.:* alicui)
10	mīlitāris, mīlitāris, mīlitāre
11	ēgregius, ēgregia, ēgregium
12	varius, varia, varium

Lösung

(irgend)jemand	21
der Aufwand, die Kosten	20
freie Zeit, Ruhe (von berufl. Tätigkeit)	23
ausgezeichnet, hervorragend	14
jener	12
bunt, verschieden, vielfältig	6
selbst	17
Begabung, Talent	7
Abstammung, Art, Geschlecht	22
Kriegs-, militärisch	15
Lust, Vergnügen	16
derselbe, der nämliche	1

Verben, Adverbien und Präpositionen

13	praeesse, praesum, praefuī *m. Dat.*
14	pertinēre, pertineō, pertinuī *(*ad *m. Akk.)*
15	cēnāre, cēnō, cēnāvī, cēnātum
16	nōscere, nōscō, nōvī, nōtum
17	accipere, accipiō, accēpī, acceptum
18	nō(vi)sse, nōvī *Perf.*
19	prō *Präp. m. Abl.*
20	ob *Präp. m. Akk.*
21	postrēmō *Adv.*
22	multum *Adv.*
23	inde *Adv.*
24	rēctē *Adv.*

Lösung

anstelle von, für	18
erkennen, kennenlernen	8
essen	10
kennen, wissen	9
an der Spitze stehen, leiten	19
geradeaus, richtig, zu Recht	4
wegen; für	13
betreffen, gehören (zu), sich erstrecken (auf)	11
aufnehmen, erhalten, erfahren	5
schließlich	3
sehr, viel	24
von dort; darauf; deshalb	2

Aliqui(z). Ordne den Substantiven die jeweils passende Form von *aliqui* zu:

1	munus
2	voluptas
3	sumptus
4	de genere
5	sedi
6	portum
7	portas
8	ingenii
9	rerum
10	numinum
11	rebus
12	genera

Lösung

aliquarum	11
aliqui	18
aliquas	1
aliquod	9
aliquibus	3
alicuius	4

aliqua *(Sg. f)*	13
aliquorum	6
aliqua *(Pl. n)*	2
aliquem	8
aliquo	10
alicui	5

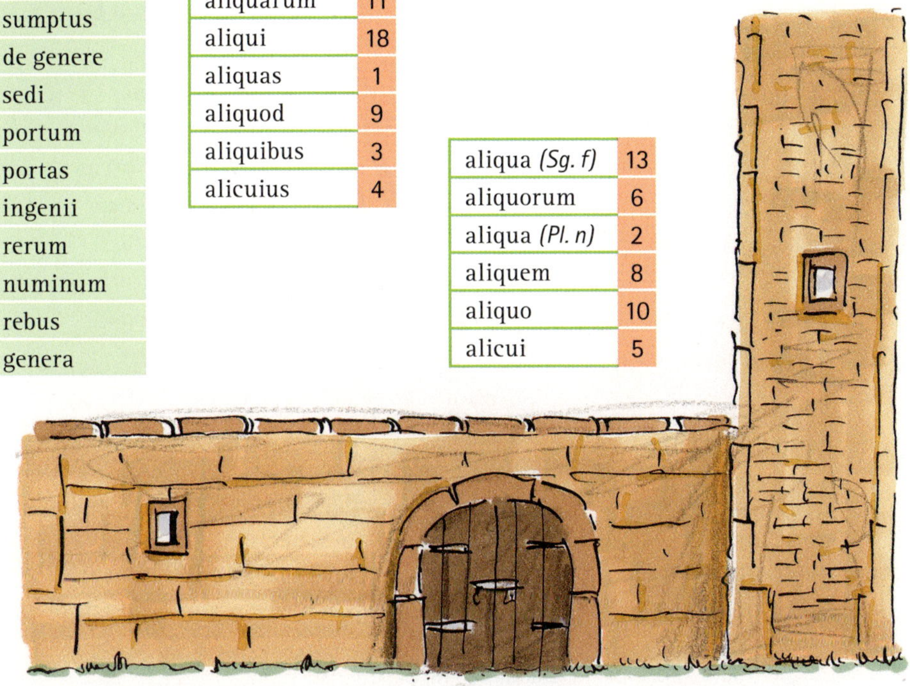

Irgendwer will immer irgendwas. Übersetze:

13	Aliquis id voluit.
14	Is aliquid voluit.
15	Si quid vis, mane!
16	Si quid vultis, manete!
17	Aliqui vir id voluit.
18	Aliquibus de causis id voluit.
19	Alicui adesse voluit.
20	Aliqua de causa id voluit.
21	Pecuniam ab aliquo voluit.
22	Is aliquid vult.
23	Aliqui viri id voluerunt.
24	Amicus alicuius esse voluit.

Lösung

Irgendein Mann wollte das.	7
Er will irgendetwas.	20
Er/Sie wollte das aus irgendeinem Grund.	15
Irgendwelche Männer wollten das.	16
Er/Sie wollte jemandem helfen.	14
Er wollte der Freund von irgendjemand sein.	12
Irgendjemand wollte das.	22
Wenn ihr etwas wollt, (dann) bleibt!	21
Er/Sie wollte Geld von irgendjemand.	17
Wenn du etwas willst, (dann) bleib!	23
Er wollte irgendetwas.	19
Er/Sie wollte das aus irgendwelchen Gründen.	24

Der Kontext macht's.
Übersetze jeweils das *kursiv* gedruckte Verb:

1	Virtutem *praestat.*
2	Oraculum *consulit.*
3	Urbem *condit.*
4	Alicui timorem *tollit.*
5	Aliquem pugnare *cogit.*
6	Alicui *parcit.*
7	Alicui *persuadet.*
8	Milites *cogit.*
9	Manus ad caelum *tollit.*
10	Patrem *condit.*
11	Alicui bene *consulit.*
12	Alicui virtute *praestat.*

Lösung

er/sie überzeugt/überredet	8
er/sie bestattet	23
er/sie fragt um Rat	14
er/sie zwingt	12
er/sie schont	1
er/sie zeigt/beweist	16
er/sie übertrifft an	19
er/sie hebt empor	18
er/sie sorgt für	21
er/sie nimmt	3
er/sie versammelt	10
er/sie gründet	5

Kaufmannslatein (2).
Übersetze genau:

13	Quis vestrum id fecit?
14	Ubi terrarum fuisti?
15	Quid novi audivisti?
16	Quid ad rem pertinet?
17	Non solum multitudo virorum, sed etiam feminarum in foro erat.
18	Mercator multum pecuniae amisit.
19	Mercatoris est sumptus facere.
20	Haec navis est mercatoris.
21	Pars mercatorum copiam vini amisit.
22	Quis mercatorem nomine Lucium novit?
23	Mercatoris est parvo emere et magno vendere.
24	Re vera multos annos mercator erat.

Lösung

Wo in aller Welt warst du?	2
Wer von euch hat das getan?	4
Was an Neuigkeiten hast du gehört?	6
Es ist Aufgabe eines Kaufmanns, Ausgaben zu tätigen.	7
Es ist typisch für einen Kaufmann, billig zu kaufen und teuer zu verkaufen.	9
In Wirklichkeit war er viele Jahre lang Kaufmann.	11
Wer kennt einen Kaufmann namens Lucius?	13
Was tut das zur Sache?	15
Der Kaufmann verlor viel Geld.	17
Auf dem Forum befand sich nicht nur eine Menge Männer, sondern auch (eine Menge) Frauen.	20
Dieses Schiff gehört dem Kaufmann.	22
Ein Teil der Kaufleute hat eine Menge Wein verloren.	24

Substantive, Adjektive und Pronomen

1	statūra, statūrae *f*
2	praesidium, praesidiī *n*
3	aedis, aedis *f* (*Gen. Pl.:* -ium)
4	memoria, memoriae *f*
5	magnitūdō, magnitūdinis *f*
6	morbus, morbī *m*
7	condiciō, condiciōnis *f*
8	quīdam, quaedam, quoddam (*Akk. Sg.:* quendam, quandam)
9	aliqui, aliqua, aliquod
10	laetus, laeta, laetum
11	ēiusmodī *indekl.*
12	impius, impia, impium

Lösung

Krankheit	21
irgendein	20
(Wach-)Posten, Schutztruppe	22
Größe	8
derartig, so beschaffen	11
Gestalt, Statur	24
ein gewisser, (irgend)ein(er); *Pl.:* einige	12
froh; fruchtbar	7
Erinnerung, Gedächtnis, Zeit	23
gottlos, gewissenlos	9
Bedingung, Lage, Verabredung	10
Tempel; *Pl.:* Haus, Gebäude	19

Verben und Adverbien

13	scrībere, scrībō, scrīpsī, scrīptum
14	vīsere, vīsō, vīsī, vīsum
15	āvertere, āvertō, āvertī, āversum
16	dēscendere, dēscendō, dēscendī, dēscēnsum
17	cernere, cernō
18	atque/ac
19	quam *Adv.*
20	postrēmō *Adv.*
21	prius *Adv.*
22	tunc *Adv.*
23	forās *Adv.*
24	minus *Adv.*

Lösung

und, und auch; *im Vergleich:* wie, als	13
damals, dann	15
beschreiben, schreiben	18
herabsteigen	17
heraus, hinaus *(wohin?)*	5
als, wie	3
besichtigen, besuchen	16
sehen, bemerken	4
weniger	1
abwenden, vertreiben	14
früher, zuerst	2
schließlich; kurz (gesagt)	6

Keine Tragödie. Ersetze die jeweilige Form von *ferre* durch die entsprechende Form im Passiv:

1	fertis
2	fero
3	tuleram
4	fers
5	tulerunt
6	feram
7	ferimus
8	tulisti
9	ferebas
10	feres
11	tulisse
12	ferre

Lösung

lata es	5	lati sunt	3
latus eram	10	ferimini	12
fereris	4	ferris	11
ferar	7	feror	8
latum esse	6	ferri	2
ferebaris	9	ferimur	1

ferre und Co(mposita).
Übersetze:

13	fero
14	aufero
15	affero
16	confero
17	tuli
18	tulit
19	contulit
20	abstulit
21	attulit
22	allatum est
23	ablatum est
24	collatum est

Lösung

er/sie brachte/trug/ertrug	22
es wurde geraubt/weggebracht	17
ich bringe/bringe herbei/bringe mit/melde	21
er/sie verglich, trug zusammen	13
ich trage/bringe/ertrage	23
es wurde verglichen/zusammen getragen	16
er/sie brachte/brachte herbei/brachte mit/meldete	15
ich vergleiche/trage zusammen	24
ich raube/bringe weg	19
es wurde gebracht/herbei gebracht/mitgebracht/gemeldet	20
er/sie raubte/brachte weg	18
ich brachte/trug/ertrug	14

Denksportaufgabe. Übersetze:

1	memoria tenere
2	non ignorare
3	cogitare
4	intellegere
5	ignorare
6	aestimare
7	scire
8	conicere
9	agitare
10	cognoscere
11	invenire
12	componere

Lösung

vergleichen	1
kennen, verstehen, wissen	2
erkennen, kennenlernen	3
nicht kennen, nicht wissen	4
finden, erfinden	5
folgern, vermuten	6
einschätzen, beurteilen	7
gut kennen, wohl wissen	8
beabsichtigen, denken	9
betreiben, überlegen	10
(be)merken, verstehen	11
im Gedächtnis behalten	12

Mann mit Eigenschaften. Übersetze:

13	vir magno ingenio
14	vir summae audaciae
15	eiusmodi vir
16	vir pulchra statura
17	vir bonis moribus
18	vir magna vi corporis
19	vir viginti annorum
20	vir summae superbiae
21	Vir bonis moribus erat.
22	Vir summae audaciae erat.
23	Vir summa vi animi erat.
24	vir paucorum amicorum

Lösung

ein zwanzigjähriger Mann	13
ein Mann von (mit) mit gutem Charakter	14
ein Mann mit wenigen Freunden	15
Der Mann hatte einen guten Charakter.	16
Der Mann hatte höchste Geisteskraft.	17
ein Mann von (mit) höchstem Stolz	18

Der Mann war äußerst frech.	19
ein Mann von (mit) höchster Kühnheit	20
ein Mann von (mit) großer Körperkraft	21
ein derartiger Mann	22
ein Mann von (mit) schöner Gestalt	23
ein Mann von (mit) großer Begabung	24

Substantive und Adjektive

1	ōs, ōris *n*
2	pēs, pedis *m*
3	lībertīnus, lībertīnī *m*
4	laus, laudis *f*
5	bona animī, bonōrum animōrum *n Pl.*
6	singulus, singula, singulum
7	trēs, trēs, tria (*Gen.:* trium; *Dat.:* tribus)
8	mollis, mollis, molle
9	rārus, rāra, rārum
10	idōneus, idōnea, idōneum
11	dīves, dīves, dīves; *Gen.:* dīvitis
12	dīligēns, dīligēns, dīligēns; *Gen.:* dīligēns

Lösung

weich, angenehm, freundlich	7
Lob, Ruhm	19
reich	8
Fuß	22
je ein, jeder einzelne	21
gewissenhaft, sorgfältig	10
Gesicht, Mund	20
drei	9
Freigelassener	23
geeignet, passend	12
selten, vereinzelt	24
innere Werte	11

Verben und Adverbien

13	cantāre, cantō, cantāvī, cantātum
14	impōnere, impōnō, imposuī, impositum
15	spectāre, spectō, spectāvī, spectātum
16	in ōre omnium esse
17	alicui magnae cūrae esse
18	alicui laudī esse
19	hercule(s)!
20	quārē *Adv.*
21	nōndum *Adv.*
22	unde *Adv.*
23	modo *Adv.*
24	nimium *Adv.*

Lösung

beim Herkules!	3
eben (noch); nur	1
auferlegen, (hin)einsetzen	15
jemandem sehr wichtig sein	4
woher	16
für jemanden lobenswert sein	18
singen	13
(all)zu, (all)zu sehr	5
in aller Munde sein	14
noch nicht	6
betrachten, hinsehen; anstreben	17
weshalb, wodurch; *rel. Satzanschluss:* deshalb	2

Würdevoll.
Bestimme genau:

1	vocarem
2	iremus
3	agereris
4	laudaremini
5	caperet
6	abessetis
7	monerer
8	possent
9	amitterentur
10	scriberetur
11	converteremur
12	audires

Lösung

2. Pers. Sg. Konj. Impf. Pass.	11
2. Pers. Pl. Konj. Impf. Pass.	7
2. Pers. Pl. Konj. Impf. Akt.	9
1. Pers. Sg. Konj. Impf. Akt.	8
3. Pers. Sg. Konj. Impf. Akt.	23
1. Pers. Pl. Konj. Impf. Akt.	10
3. Pers. Sg. Konj. Impf. Pass.	24
3. Pers. Pl. Konj. Impf. Pass.	12
1. Pers. Sg. Konj. Impf. Pass.	21
2. Pers. Sg. Konj. Impf. Akt.	22
1. Pers. Pl. Konj. Impf. Pass.	20
3. Pers. Pl. Konj. Impf. Akt.	19

Leider verloren.
Übersetze:

13	amitteret
14	amisissem
15	amissus est
16	amitterer
17	amitteretur
18	amittebatur
19	amissa esset
20	amitteremini
21	amisisset
22	amissi essent
23	amittereris
24	amissa erat

Lösung

sie wäre verloren worden	15
er/sie würde verloren werden	16
er/sie hätte verloren	18
ihr würdet verloren werden	14
er/sie wurde verloren	6
ich würde verloren werden	2
er/sie würde verlieren	1
sie wären verloren worden	4
sie war verloren worden	17
er ist verloren worden	5
du würdest veloren werden	13
ich hätte verloren	3

1, 2 oder 3? Ordne den Substantiven die jeweils passende Form der *Grundzahl* zu:

		Lösung	
1	res *(Nom. Sg.)*	unum	15
2	genus	unam	20
3	rebus	duo	22
4	res *(Nom. Pl.)*	unius	13
5	mons	unus	19
6	genera	tribus	21
7	montibus	duas	24
8	montium	duorum	23
9	generis	duabus	14
10	rem	tria	16
11	res *(Akk. Pl.)*	una	17
12	montes	duae	18

Wenn ..., dann ... – (Irrealis). Übersetze:

13	Si hoc scivissem, tibi scripsissem.
14	Si hoc scivissent, tibi scripsissent.
15	Nisi hoc tibi scriberetur, nescires.
16	Si hoc scirem, tibi scriberem.
17	Nisi hoc tibi scriptum esset, nescivisses.
18	Si tibi scripsisset, hoc scires.
19	Si tibi scripsissem, hoc scires.
20	Nisi hoc scripsissemus, nescivisses.
21	Nisi hoc scires, tibi scriberem.
22	Si hoc scriberes, scirem.
23	Nisi hoc tibi scriptum esset, nescires.
24	Si tibi scripsissem, hoc scivisses.

nisi *Subj.* wenn nicht

Lösung

Wenn du das schriebest, würde ich es wissen.	4
Wenn ich das wüsste, würde ich dir schreiben.	6
Wenn ich das gewusst hätte, hätte ich dir geschrieben.	5
Wenn dir das nicht geschrieben worden wäre, würdest du es nicht wissen.	12
Wenn du das nicht wüsstest, würde ich dir schreiben.	7
Wenn ich dir geschrieben hätte, hättest du das gewusst.	8
Wenn sie das gewüsst hätten, hätten sie dir geschrieben.	3
Wenn er/sie dir geschrieben hätte, würdest du das wissen.	2
Wenn dir das nicht geschrieben worden wäre, hättest du es nicht gewusst.	9
Wenn wir das nicht geschrieben hätten, hättest du es nicht gewusst.	11
Wenn man dir das nicht schriebe, würdest du es nicht wissen.	1
Wenn ich dir geschrieben hätte, würdest du das wissen.	10

Substantive

1	ōrdō, ōrdinis *m*
2	numerus, numerī *m*
3	potestās, potestātis *f*
4	vulgus, vulgī *n*
5	poena, poenae *f*
6	plēbs, plēbis *f*
7	iuventūs, iuventūtis *f*
8	nōbilitās, nōbilitātis *f*
9	iūdicium, iūdiciī *n*
10	sīdus, sīderis *n*
11	sermō, sermōnis *m*
12	littera, litterae *f*

Lösung

Stern, Sternbild	2
(Amts-)Gewalt, Macht	7
Menge, Zahl	12
(nicht adeliges, einfaches) Volk	11
Buchstabe; *Pl.:* Brief, Literatur, Wissenschaft	6
Strafe	1
Adel, vornehme Abstammung	3
Gericht, Urteil	8
Ordnung, Reihe, Stand	10
Jugend	5
Äußerung, Gerede, Gespräch. Sprache	4
die Leute (aus dem Volk), der Pöbel, die große Masse	9

(Nicht nur) Verben

13	discere, discō, didicī
14	rapere, rapiō, rapuī, raptum
15	trādere, trādō, trādidī, trāditum
16	aperīre, aperiō, aperuī, apertum
17	cōnsuēscere, cōnsuēscō, cōnsuēvī, cōnsuētum
18	manus, manūs *f*
19	causa, causae *f*
20	frequēns, frequēns, frequēns; *Gen.:* frequentis
21	plūrimum *Adv.*
22	causā *(nachgestellt) m. Gen.*
23	aut
24	tametsī *Subj.*

Lösung

obwohl	13
sich gewöhnen an; *Perf.:* gewohnt sein	18
wegführen, rauben, wegreißen	23
wegen	24
übergeben, überliefern	19
am meisten, sehr viel	14
oder	15
Hand; Schar (von Bewaffneten)	20
lernen, erfahren	21
häufig, zahlreich	16
Ursache, Grund, Prozess	17
aufdecken, öffnen	22

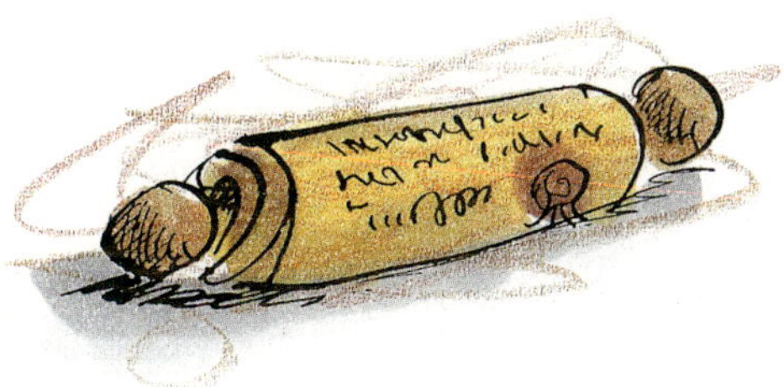

Redegewandt. Übersetze:

1	Quid actum est?
2	Quid novi?
3	illud philosophorum
4	litteris mandare
5	memoria tenere
6	memoriae studere
7	litteris studere
8	causam afferre
9	poenae causa
10	multum posse
11	plurimum posse
12	omnia posse

Lösung

wegen der Strafe	18
schriftlich festhalten, aufschreiben	13
Was ist passiert?	14
(sehr viel können) sehr große Macht haben	1
sich wissenschaftlich betätigen, studieren	4
Was an Neuigkeiten?	16
(alles können) unumschränkte Macht haben	3
als Grund nennen	2
jenes bekannte Wort der Philosophen	17
im Gedächtnis behalten	6
(viel können) große Macht haben	5
das Gedächtnis üben	15

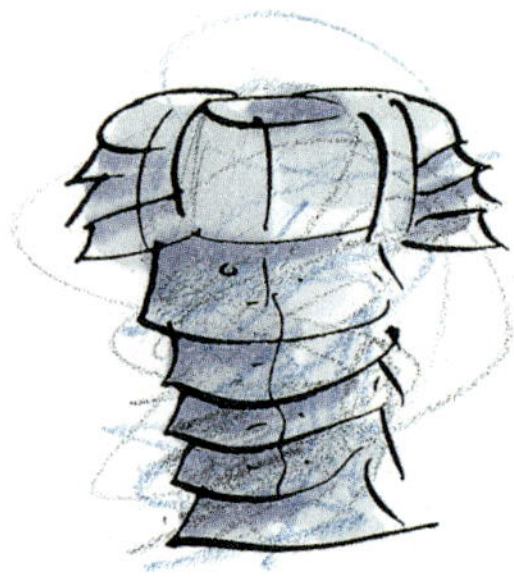

Der Schrecken Roms – Hannibal. Übersetze:

13	Hannibal puer hostis Romanorum fuit.
14	Hannibal laetus Alpes transiit.
15	Hannibal senex hostis Romanorum fuit.
16	Hannibal superbus elephantos Alpes traduxit.
17	Hannibal primus elephantos Alpes traduxit.
18	Hannibal nolens ad regem Antiochum fugit.
19	Hannibal iuvenis hostis Romanorum fuit.
20	Hannibal iuvenis elephantos Alpes traduxit.
21	Hannibal tristis ad regem Antiochum fugit.
22	Hannibal imperator hostis Romanorum fuit.
23	Hannibal victus ad regem Antiochum fugit.
24	Scipio consul Hannibalem in Africa vicit.

Lösung

Hannibal war als junger Mann ein Feind der Römer.	9
Hannibal floh gegen seinen Willen zu König Antiochus.	23
Hannibal führte als Erster Elefanten über die Alpen.	10
Hannibal führte stolz Elefanten über die Alpen.	19
Hannibal führte als junger Mann Elefanten über die Alpen.	8
Scipio besiegte als Konsul Hannibal in Afrika.	11
Hannibal war als Junge ein Feind der Römer.	20
Hannibal floh besiegt zu König Antiochus.	7
Hannibal war als Feldherr ein Feind der Römer.	21
Hannibal überschritt fröhlich die Alpen.	22
Hannibal war als alter Mann ein Feind der Römer.	24
Hannibal floh traurig zu König Antiochus.	12

Du kannst es. Ersetze die jeweilige Form von *esse* durch die entsprechende Form von *posse*:

1	est
2	fuit
3	erit
4	erat
5	fuerat
6	essem
7	es
8	esse
9	eris
10	fuissem
11	ero
12	sum

Lösung

poterat	23
posse	17
possum	14
poterit	21
potes	7
potero	12
potuit	20
possem	19
potuissem	16
potest	24
potuerat	15
poteris	22

Hilfe für Cicero. Übersetze:

13	Ciceroni adesse poteram.
14	Ciceroni adesse poteramus.
15	Ciceroni adesse poterimus.
16	Ciceroni adesse potueram.
17	Ciceroni adesse poterant.
18	Ciceroni adesse possum.
19	Ciceroni adesse potestis.
20	Ciceroni adesse possumus.
21	Ciceroni adesse potes.
22	Ciceroni adesse potui.
23	Ciceroni adesse potero.
24	Ciceroni adesse potueramus.

Lösung

Ich habe Cicero helfen können.	8
Ich kann Cicero helfen.	10
Ich hatte Cicero helfen können.	18
Sie konnten Cicero helfen.	2
Du kannst Cicero helfen.	4
Wir können Cicero helfen.	6
Ich werde Cicero helfen können.	5
Wir hatten Cicero helfen können.	3
Ihr könnt Cicero helfen.	1
Ich konnte Cicero helfen.	11
Wir werden Cicero helfen können.	9
Wir konnten Cicero helfen.	13

Substantive und Zahlen

1	vīcus, vīcī *m*
2	auxilium, auxiliī *n*
3	auctōritās, auctōritātis *f*
4	castra, castrōrum *n Pl.*
5	licentia, licentiae *f*
6	lībertās, lībertātis *f*
7	obses, obsidis *m/f*
8	amīcitia, amīcitiae *f*
9	prīnceps, prīncipis *m*
10	mīles, mīlitis *m*
11	centum *indekl.*
12	vīgintī *indekl.*

Lösung

Soldat	24
Freiheit	15
Hilfe; *Pl.:* Hilfstruppen	16
hundert	2
Geisel	3
Freiheit, Willkür	5

Dorf, Gasse	14
Lager	13
zwanzig	4
Freundschaft	19
Ansehen, Einfluss, Macht	17
der Erste, der führende Mann	18

Verben und Adverbien

13	efficere, efficiō, effēcī, effectum
14	poscere, poscō, poposcī
15	cōnscrībere, cōnscrībō, cōnscrīpsī, cōnscrīptum
16	contendere, contendō, contendī
17	cōnsīdere, cōnsīdō, cōnsēdī
18	addūcere, addūcō, addūxī, adductum
19	dēmōnstrāre, dēmōnstrō, dēmōnstrāvī, dēmōnstrātum
20	referre, referō, rettulī, relātum
21	revocāre, revocō, revocāvī, revocātum
22	adhūc *Adv.*
23	facile *Adv.*
24	aliter *Adv.*

Lösung

zurückrufen	12
sich setzen, sich niederlassen	10
anders, sonst	11
fordern, verlangen	21
leicht (zu tun)	7
bewirken, herstellen	1
eilen; sich anstrengen; kämpfen; behaupten	20
bis jetzt, noch	22
aufschreiben, verfassen	23
beweisen, darlegen	9
(zurück)bringen, berichten	8
heranführen, veranlassen	6

Subjunktionen

		Lösung	
1	ut *Subj. m. Konj.*	dass, weil	24
2	cum *Subj. m. Konj.*	wenn, falls	22
3	nē *Subj. m. Konj.*	dass nicht, damit nicht; dass *(nach Ausdrücken des Fürchtens und Hinderns)*	21
4	cum *Subj. m. Ind.*	während, solange, (so lange) bis	2
5	ubi *Subj. m. Ind.*	obwohl	7
6	quod *Subj. m. Ind.*	dass, sodass, damit	19
7	quia *Subj. m. Ind.*	auch wenn, obwohl	15
8	quamquam *Subj.*	nachdem	12
9	sī *Subj.*	als, nachdem; weil; obwohl; während	11
10	etsī *Subj.*	(immer) wenn, als (plötzlich), (zu der Zeit) als	8
11	dum *Subj.*	weil	5
12	postquam *Subj. m. Ind. Perf.*	sobald	16

Alles Konjunktiv.
Gib zu jeder Form den deutschen Infinitiv Präsens Aktiv an:

13	eat
14	ferret
15	paret
16	nolit
17	potuisset
18	audiat
19	audeat
20	vocet
21	pareat
22	moneat
23	sit
24	velit

Lösung

wagen	6
sein	14
nicht wollen	20
hören	9
gehen	13
ermahnen	18
können	17
wollen	3
tragen/bringen	23
rufen/nennen	1
bereiten/vorbereiten	10
gehorchen	4

Wunschkonzert.
Bestimme genau:

		Lösung	
1	optem	1. Pers. Sg. Konj. Impf. Pass.	15
2	audit	1. Pers. Sg. Konj. Präs. Pass.	22
3	agemus	3. Pers. Sg. Ind. Präs. Akt.	21
4	optarem	1. Pers. Sg. Konj. Plusqpf. Akt.	2
5	perspiciamus	1. Pers. Pl. Fut I Akt.	13
6	monear	1. Pers. Sg. Konj. Präs. Akt.	18
7	velit	2. Pers. Sg. Konj. Präs. Akt.	17
8	amamus	2. Pers. Sg. Ind. Präs. Akt.	1
9	praebes	1. Pers. Pl. Konj. Präs. Akt.	14
10	optavissem	1. Pers. Pl. Ind. Präs. Akt.	5
11	eas	1. Pers. Sg. Konj. Impf. Akt.	6
12	amarer	3. Pers. Sg. Konj. Präs. Akt.	16

Bitte, bitte. Übersetze:

		Lösung	
13	Te oro, ut abeas.	Ich fürchte, dass du abwesend bist.	12
14	Te orabam, ne abires.	Ich bitte dich, nicht wegzugehen.	4
15	Optavi, ut mihi adesses.	Wie du es wünschst, helfe ich dir.	24
16	Te orabat, ut abires.	Ich bitte dich wegzugehen.	23
17	Te orabam, ut abires.	Ich wünsche, dass du mir hilfst.	7
18	Ut optabas, tibi affui.	Ich fürchtete, dass du weggingst.	19
19	Te oro, ne abeas.	Ich wünschte, dass du mir halfst.	8
20	Timeo, ne absis.	Ich fürchte, dass du weggehst.	9
21	Timui, ne abires.	Ich half dir, wie du es wünschtest.	20
22	Timeo, ne abeas.	Ich bat dich, nicht wegzugehen.	10
23	Ut optas, tibi adsum.	Ich bat dich wegzugehen.	3
24	Opto, ut mihi adsis.	Er/Sie bat dich wegzugehen.	11

Substantive und Adjektive

		Lösung	
1	laetitia, laetitiae *f*	Getreide	13
2	ōtium, ōtiī *n*	Eigenschaft, Fertigkeit, Kunst	17
3	beneficium, beneficiī *n*	Lebensalter, Zeitalter, Zeit	18
4	flūmen, flūminis *n*	freie Zeit, Ruhe (von berufl. Tätigkeit); Frieden	4
5	ars, artis *f* (*Gen. Pl.:* -ium)	Staat	16
6	testis, testis *m/f* (*Gen. Pl.:* -ium)	Wohltat	6
7	rēs gestae, rērum gestārum *f Pl.*	Anblick, Aussehen, Schein	14
8	frūmentum, frūmentī *n*	Taten	15
9	frūctus, frūctūs *m*	Freude	1
10	aetās, aetātis *f*	Fluss	2
11	speciēs, speciēī *f*	Zeuge	3
12	rēs pūblica, reī pūblicae *f*	Ertrag, Frucht, Nutzen	5

(Nicht nur) Verben

		Lösung	
13	efferre, efferō, extulī, ēlātum	wie groß, wie viel	21
14	gerere, gerō, gessī, gestum	bauen	22
15	prōvidēre, prōvideō, prōvīsī, prōvīsum (ut)	Haus, Landhaus	23
16	perficere, perficiō, perfēcī, perfectum	also, folglich	24
17	aedificāre, aedificō, aedificāvī, aedificātum	erreichen, fertig stellen, vollenden	8
18	labōrāre, labōrō, labōrāvī, labōrātum *m. Abl.*	herausheben, hervorbringen	7
19	quantus, quanta, quantum	Kreis(lauf); Erdkreis, Welt	10
20	apertus, aperta, apertum	ausführen, führen, tragen	9
21	villa, villae *f*	leiden an	12
22	orbis, orbis *m* (*Gen. Pl.:* -ium)	Erdkreis	20
23	orbis terrārum, orbis terrārum *m*	offen, offenkundig	19
24	igitur *Adv.*	dafür sorgen (dass)	11

Auslese. Bestimme genau:

1	legitur
2	legat
3	legebatur
4	lecta esset
5	lectus sit
6	legerat
7	legatur
8	legisset
9	legetur
10	legeret
11	legerit
12	legeretur

Lösung

3. Pers. Sg. Konj. Plusqpf. Akt.	23
3. Pers. Sg. Konj. Perf. Pass.	19
3. Pers. Sg. Konj. Präs. Akt.	4
3. Pers. Sg. Konj. Impf. Pass.	16
3. Pers. Sg. Fut. I Pass.	7
3. Pers. Sg. Ind. Plusqpf. Akt.	3
3. Pers. Sg. Konj. Plusqpf. Pass.	12
3. Pers. Sg. Ind. Präs. Pass.	11
3. Pers. Sg. Konj. Perf. Akt.	24
3. Pers. Sg. Konj. Präs. Pass.	15
3. Pers. Sg. Konj. Impf. Akt.	20
3. Pers. Sg. Ind. Impf. Pass.	8

Was weißt du denn überhaupt? Übersetze:

Nescis, ...

13	quid velis.
14	quantos labores susceperim.
15	quibus libris delecter.
16	quanto amore captus sim.
17	ubi fuerim.
18	cui libri mei placuerint.
19	cur libros non ames.
20	cuius liberis delectatus sim.
21	quantum pecuniae amiserim.
22	cui libri mei placeant.
23	quando domum redierim.
24	quantum pecuniae tibi sit.

Lösung

Du weißt nicht, ...

wann ich nach Hause zurückgekehrt bin.	18
warum du keine Bücher magst.	21
von welchen Büchern ich erfeut werde.	1
wie viel Geld ich verloren habe.	13
wo ich gewesen bin.	22
wie große Anstrengungen ich auf mich genommen habe.	9
wie viel Geld du besitzt.	14
von wessen Kindern ich erfreut wurde.	17
von wie großer Liebe ich ergriffen bin.	6
was du willst.	5
wem meine Bücher gefallen.	10
wem meine Bücher gefallen haben.	2

Fragen über Fragen. Übersetze:

1	quis	
2	nonne	
3	ubi	
4	quotiens	
5	utrum ... an/-ne ... an *(im indir. Fragesatz)*	
6	quid	
7	quare	
8	utrum ... an	
9	quo	
10	num	
11	cur	
12	num/-ne *(im indir. Fragesatz)*	

Lösung

wohin?	19
wie oft?	24
wer?	23
warum?	17
weshalb?	16
(etwa) nicht?	21
ob	15
... oder ...?	18
wo?	20
ob ... oder	14
etwa?	13
was?	22

Vater und Sohn. Übersetze:

13	Pater nescit, cur filius id fecerit.	
14	Pater nescivit, cur filius id fecisset.	
15	Pater nesciebat, cur filius id faceret.	
16	Pater nescit, cur filius id faciat.	
17	Pater nescit, quid filius fecerit.	
18	Pater nescit, filiusne id faciat an non.	
19	Pater nescivit, quid filius faceret.	
20	Pater nescivit, ubi filius id fecisset.	
21	Pater nesciebat, quid filius fecisset.	
22	Pater nescit, num filius id fecerit.	
23	Pater nescivit, utrum filius id fecisset an non.	
24	Pater nescit, quid filius faciat.	

Lösung

Der Vater wusste nicht, warum sein Sohn das machte.	8
Der Vater wusste nicht, wo sein Sohn das gemacht hatte.	5
Der Vater weiß nicht, was sein Sohn gemacht hat.	3
Der Vater wusste nicht, was sein Sohn gemacht hatte.	1
Der Vater weiß nicht, warum sein Sohn das gemacht hat.	12
Der Vater weiß nicht, ob das sein Sohn gemacht hat.	9
Der Vater wusste nicht, was sein Sohn machte.	4
Der Vater wusste nicht, ob sein Sohn das gemacht hatte oder nicht.	6
Der Vater wusste nicht, warum sein Sohn das gemacht hatte.	10
Der Vater weiß nicht, was sein Sohn macht.	2
Der Vater weiß nicht, warum sein Sohn das macht.	11
Der Vater weiß nicht, ob sein Sohn das macht oder nicht.	7

Substantive und Adjektive

1	sententia, sententiae *f*
2	dextera, dexterae *f*
3	dictum, dictī *n*
4	gladius, gladiī *m*
5	impetus, impetūs *m*
6	cultus, cultūs *m*
7	vetus, vetus, vetus; *Gen.:* veteris
8	barbarus, barbara, barbarum
9	grandis, grandis, grande
10	vīvus, vīva, vīvum
11	ferus, fera, ferum
12	pār, pār, pār; *Gen.:* paris

Lösung

ausländisch, unzivilisiert; *Subst.:* Ausländer, „Barbar"	18
Angriff, Schwung	16
wild	17
alt	14
ebenbürtig, gleich	13
lebend, lebendig	15
die rechte Hand, die Rechte	2
alt; bedeutend, groß	4
Schwert	5
Antrag (im Senat), Meinung; Satz, Sinn	6
Bildung, Lebensweise	1
Ausspruch	3

Verben

13	oppūgnāre, oppūgnō, oppūgnāvī, oppūgnātum
14	occidere, occidō, occidī, occāsum
15	occīdere, occīdō, occīdī, occīsum
16	solēre, soleō *m. Inf.*
17	sentīre, sentiō, sēnsī, sēnsum
18	sapere, sapiō, sapiī
19	cōnservāre, cōnservō, cōnservāvī, cōnservātum (ā *m. Abl.*)
20	circumvenīre, circumveniō, circumvēnī, circumventum
21	colere, colō, coluī, cultum
22	neglegere, neglegō, neglēxī, neglēctum
23	reperīre, reperiō, repperī, repertum
24	retinēre, retineō, retinuī, retentum

Lösung

(wieder) finden	23
gewöhnlich etwas tun, gewohnt sein	11
retten (vor), bewahren	19
umkommen, untergehen	8
behalten, festhalten, zurückhalten	21
umringen, umzingeln	24

angreifen	12
Geschmack haben, Verstand haben	9
niederschlagen, töten	10
nicht (be)achten, vernachlässigen	7
fühlen, meinen, wahrnehmen	20
verehren, pflegen, bewirtschaften	22

Redegewandt (1). Übersetze:

1	novis rebus studere
2	memoriae studere
3	timere, ne *m. Konj.*
4	providere, ut *m. Konj.*
5	deficere a *m. Abl.*
6	laborare *m. Abl.*
7	milites conscribere
8	contendere *m. AcI*
9	contendere cum *m. Abl.*
10	contendere in castra
11	auxilium ferre
12	auxilum petere a *m. Abl.*

Lösung

kämpfen mit	22
fürchten, dass	21
leiden an	11
das Gedächtnis üben	12
ins Lager eilen	15
dafür sorgen, dass	7

Soldaten anwerben	6
nach Umsturz streben	8
Hilfe bringen	1
behaupten	2
Hilfe erbitten von	5
abfallen von	16

Redegewandt (2). Übersetze:

13	gratias agere
14	vitam agere
15	alicui honori esse
16	alicui gaudio esse
17	aliter atque/ac
18	idem, qui
19	alicui curae esse
20	alicui laudi esse
21	in ore omnium esse
22	alicui usui esse
23	res gerere
24	bellum gerere

Lösung

für jemanden lobenswert sein	14
anders als	18
danken	20
Taten verrichten	13
jemandem Freude bereiten	19
jemandem wichtig sein	17
Krieg führen	3
(sein) Leben führen	24
jemandem von Nutzen sein	23
derselbe, wie	9
in aller Munde sein	4
jemandem Ehre verschaffen	10

D(ies)er da. Ersetze die jeweilige Form von *omnis* durch die entsprechende Form von *iste*:

1	omnis eques
2	omnes rationes
3	omnibus exemplis
4	omni ratione
5	omnes equites
6	omne exemplum
7	omni rationi
8	omnem equitem
9	omnis ratio
10	omnium rationum
11	omnis equitis
12	omnem rationem

Lösung

isti *(Nom. Pl.)*	3
istius	6
istis	16
iste	17
istā	12
istae	7
istum	5
istam	2
istarum	4
isti *(Dat. Sg.)*	1
ista	15
istud	14

Übung macht den Meister. Übersetze:

13	Isti milites in campo exercent.
14	Ii/Hi milites in campo exercent.
15	Is/Hic miles in campo exercet.
16	Illi milites in campo exercent.
17	Iidem milites in campo exercent.
18	Miles vetus in campo exercet.
19	Aliqui milites in campo exercent.
20	Quidam milites in campo exercent.
21	Milites ipsi in campo exercent.
22	Qui milites in campo exercent?
23	Milites veteres in campo exercent.
24	Alii milites in campo exercent.

Lösung

Diese Soldaten üben auf dem Feld.	19
Irgendwelche Soldaten üben auf dem Feld.	8
Jene Soldaten üben auf dem Feld.	24
Ein alter Soldat übt auf dem Feld.	22
Welche Soldaten üben auf dem Feld?	20
Diese Soldaten (da) üben auf dem Feld.	23
Die Soldaten selbst üben auf dem Feld.	9
Dieselben Soldaten üben auf dem Feld.	13
Einige Soldaten üben auf dem Feld.	11
Alte Soldaten üben auf dem Feld.	18
Dieser Soldat übt auf dem Feld.	21
Andere Soldaten üben auf dem Feld.	10